MINISTÈRE DE LA GUERRE

Écoles régimentaires du deuxième degré divisées
en quatre classes ou sections.

COURS

DE

GRAMMAIRE FRANÇAISE

POUR LES 1re, 2e ET 3e SECTIONS

APPROUVÉ PAR S. EXC. LE MARÉCHAL MINISTRE DE LA GUERRE.

2e édition.

PARIS

LIBRAIRIE MILITAIRE

DE J. DUMAINE, LIBRAIRE-ÉDITEUR DE L'EMPEREUR

Rue et Passage Dauphine, 30.

—

1866

MINISTÈRE DE LA GUERRE

Écoles régimentaires du deuxième degré divisées
en quatre classes ou sections.

COURS

DE

GRAMMAIRE FRANÇAISE

POUR LES 1re, 2e ET 3e SECTIONS

APPROUVÉ PAR S. EXC. LE MARÉCHAL MINISTRE DE LA GUERRE.

2e Édition.

PARIS
LIBRAIRIE MILITAIRE.
J. DUMAINE, LIBRAIRE-ÉDITEUR DE L'EMPEREUR,
Rue et Passage Dauphine, 30.

1866

Les exemplaires non revêtus du parafe de l'auteur seront réputés contrefaits.

Imprimerie de Cosse et J. Dumaine, r. Christine, 2.

AVIS SUR LA PREMIÈRE ÉDITION.

Le soldat n'a que peu d'instants à donner à l'étude; l'officier lui-même trouverait difficilem ent le loisir d'extraire des livres en usage dans l'Université la matière des cours du deuxième degré, pour les professer conformément aux programmes du 17 septembre 1853.

Il fallait donc, pour les écoles régimentaires, des ouvrages spéciaux, de peu d'étendue et qui continssent cependant les développements que comporte tout enseignement sérieux. C'est d'après ces données que nous avons entrepris la tâche de faire une Grammaire à l'usage des écoles régimentaires ; nous avons été aussi concis que possible sans rien retrancher d'indispensable et sans cesser d'être intelligible pour tous ; nous l'espérons du moins. Si nous avons écarté quelques règles, ce sont uniquement celles qui prétent à la controverse et sur lesquelles les grammairiens eux-mêmes ne sont pas d'accord. Nous avons pensé que l'étude des subtilités de la langue n'est pas nécessaire pour former un bon comptable, non plus qu'un bon officier.

Tel que nous l'offrons à l'armée, notre petit livre sera utile aux directeurs, en ce qu'il leur donne le spécimen de chaque leçon, et qu'il leur épargnera, le plus souvent, la peine de consulter des ouvrages plus complets ; il sera toujours, pour les élèves, le résumé exact des leçons du directeur. Ces qualités, qui tiennent à ce qu'il a été rédigé d'après les programmes approuvés par S. Ex. le Ministre de la guerre, ont été pour beaucoup, sans doute, dans la préférence qu'il a obtenue sur d'autres livres dont le mérite était déjà consacré par un long usage. Là Commission a cependant bien voulu signaler, en outre, avec éloge, la simplification qu'il présente pour l'étude des conjugaisons et des règles sur les participes. Ce sont de modestes avantages, mais ils suffiront à notre amour-propre, si au témoignage bienveillant de la

Commission nous pouvons ajouter l'espoir d'avoir quelque peu contribué à la prospérité des écoles régimentaires.

Si peu volumineux que soit le *Cours de Grammaire française*, les directeurs ne doivent pas songer à en faire apprendre le texte par cœur, la tâche serait trop pénible pour des mémoires même plus exercées. Si nous osions nous autoriser de notre longue expérience, voici la marche que nous conseillerions de suivre pour l'enseignement de la grammaire dans les corps : « *Consacrer les deux tiers de chaque séance à expliquer le texte en démontrant chaque règle par des applications au tableau noir ; le dernier tiers serait consacré aux interrogations. Enfin, on donnerait pour devoir aux élèves un des exercices à rapporter sur feuille détachée, la correction aurait lieu à la leçon suivante, et fournirait aux directeurs l'occasion de revenir sur les parties de la leçon précédente qui auraient été le moins comprises.* Cette marche nous a toujours réussi.

AVIS SUR LA DEUXIÈME ÉDITION.

Cette deuxième édition ne diffère de la première que par la disposition des matières qu'il a fallu mettre en concordance avec les nouveaux programmes. La science des conjugaisons seule a reçu quelques développements considérés comme indispensables par la commission. C'est en effet une étude qui ne saurait être trop complète, car savoir ses conjugaisons c'est savoir son orthographe aux trois quarts.

COURS

DE

GRAMMAIRE FRANÇAISE

COURS DE PREMIÈRE ANNÉE.

PREMIÈRE SÉANCE.

Notions préliminaires. — Des voyelles et des consonnes. — De la voyelle e. — Des accents. — De l'y. — De l'h muette et de l'h aspirée. — Des parties du discours. — Mots variables, mots invariables.

L'orthographe est l'art d'écrire correctement les mots d'une langue.

Les règles de l'orthographe font l'objet d'un recueil qu'on appelle la grammaire.

L'étude de la grammaire ne suffit pas pour bien savoir l'orthographe, car elle ne donne des règles certaines que pour les modifications que les mots doivent subir ; quant à la manière d'écrire les mots eux-mêmes, c'est l'usage et plus sûrement le dictionnaire qui l'enseignent.

La marche la plus sûre pour apprendre l'orthographe d'usage, c'est de s'assujettir à apprendre chaque jour, par cœur, un alinéa dans la théorie militaire, de l'écrire de mémoire sur un cahier, et ensuite de corriger ses fautes en regardant sur le livre.

1

Les vingt-cinq lettres de la langue française se divisent en voyelles et en consonnes. Il n'y a que six voyelles : *a*, *e*, *i*, *o*, *u* et *y*.

La voyelle *e* se prononce de trois manières, comme on le voit dans le mot *légère*. Le premier s'appelle *é* fermé ; il est surmonté d'un accent aigu ('). Le second est un *è* ouvert ; il est surmonté d'un accent grave ('). Enfin le troisième est un *e* muet ; cet *e* n'a pas d'accent.

L'*y* s'emploie toujours pour un *i*, excepté lorsqu'il se trouve dans le corps des mots, placé entre deux voyelles : *citoyen*, *employer* et dans les mots : *pays*, *paysage*.

L'*h* est muette quand elle n'ajoute rien à la prononciation de la voyelle qui la suit : l'*homme* l'*histoire*. L'*h* est aspirée quand elle fait prononcer du gosier la voyelle qui la suit : le *héros*, la *haine*.

PARTIES DU DISCOURS.

La langue française comprend dix espèces de mots, que l'on range en deux catégories, savoir :

Le Nom,
L'Article,
L'Adjectif,
Le Pronom,
Le Verbe,
Le Participe.

} Cette première catégorie comprend les mots *variables*, c'est-à-dire qui s'écrivent de différentes manières.

L'Adverbe,
La Préposition,
La Conjonction,
L'Interjection.

} Mots *invariables*, c'est-à-dire qui s'écrivent toujours de la même manière.

Exercices.

A Jaffa, en Syrie, l'armée française fut attaquée de la peste. Les malades encombrèrent bientôt les hôpitaux, et comme on croyait la maladie contagieuse, ceux qui en étaient atteints devenaient un objet d'épouvante; on fuyait loin d'eux et ils étaient exposés à périr sans secours. L'armée entière, redoutant la contagion, était dans le plus profond abattement.

Desgenettes, premier médecin de l'armée, persuadé que cette maladie n'est pas contagieuse, veut faire passer cette conviction dans l'esprit du soldat. Un jour que le général Bonaparte, avec une suite nombreuse, faisait une visite à l'hôpital des pestiférés, Desgenettes s'approche d'un malade et ouvre avec sa lancette un des bubons pestilentiels; puis il se fait à lui-même une plaie légère au bras, y introduit le poison qu'il vient de recueillir et va montrer aux soldats des différents corps, son bras où il avait inoculé le virus.

Ce trait admirable produisit le plus heureux effet, on ne craignit plus de s'approcher des malades, de les soigner ni de les servir; les esprits abattus reprirent leur gaieté et leur ardeur, et l'aspect de l'armée changea entièrement à dater de ce jour. On vit un plus grand nombre de malades qui guérirent.

DEUXIÈME SÉANCE.

Du nom. — Du genre des noms. — Du nombre dans les noms. — Règles générales pour la formation du pluriel dans les noms. — Exercices et dictées.

DU NOM.

On appelle *nom* ou *substantif* tout ce qui sert à désigner une personne ou une chose : *homme, cheval, sabre, fusil,* etc.

Il y a deux sortes de noms : le nom commun, qui convient à tous les êtres ou objets de la même espèce, comme *soldat, shako, tunique,* et le nom propre, qui ne convient qu'à une seule personne ou à une seule chose ; ex. : *Turenne, Paris, la Seine.*

DU GENRE.

Il y a deux genres dans les noms : le *masculin,* qui convient aux êtres mâles, comme *le père, le fils, le cheval, le lion,* etc., et le *féminin,* qui convient aux êtres femelles, comme *la mère, la fille, la lionne.* Dans les noms d'animaux, le genre n'est pas toujours en rapport avec le sexe ; ainsi on dit, pour le mâle comme pour la femelle : *le corbeau, la pie, le vautour, la perdrix, le renard, le lièvre,* etc.

On a aussi donné un genre aux noms de choses : ceux qui sont précédés ou que l'on peut faire précéder des mots : *le, un,* sont du masculin ; ainsi, *sabre* est du masculin, parce qu'on peut dire : *le sabre* ou *un sabre ;* ceux qui sont précédés ou que l'on peut faire précéder de *la, une,* sont du féminin ; tels sont : *baïonnette, giberne,* parce qu'on peut dire : *la baïonnette, une baïonnette, la : une giberne.*

Chaque nom conserve invariablement le genre qui lui a été assigné ; cependant il en est qui changent de genre en changeant de nombre, comme *amour, délice, orgue,* qui sont masculins au singulier et féminins au pluriel ; et d'autres en changeant d'acception. En voici quelques-uns des plus en usage dans l'armée.

MASCULIN.			FÉMININ.	
	Signifiant :			*Signifiant :*
Aide.	La personne qui aide. Aide de camp. Aide-major.		Aide.	Secours.
Aigle.	L'oiseau de proie. Homme de génie.		Aigle.	Enseigne militaire. Espèce de poisson de mer.
Cartouche. . .	Ornement de sculpture.		Cartouche. . .	Charge d'une arme à feu.
Cornette . . .	Officier de cavalerie porte-drapeau.		Cornette. . . .	Coiffure de femme.
Couple. . . .	Union de deux êtres animés.		Couple.	Nombre, deux.
Enseigne. . .	Porte-drapeau.		Enseigne. . . .	Drapeau.
Foudre. . . .	Tonneau de grande dimension. de guerre, grand guerrier. d'éloquence, grand orateur.		Foudre.. . . .	Feu du ciel.
Garde.. . . .	Homme armé.		Garde.	Guet, action de garder.
Guide.. . . .	Tout ce qui indique la route à suivre.		Guides.. . . .	Longes de cuir.
Manœuvre. . .	Ouvrier subalterne.		Manœuvre. . .	Mouvement des troupes.
Solde.	Fin de compte.		Solde.	Paie des soldats.
Trompette.. .	Musicien.		Trompette. . .	Instruments de musique.

NOTA. *Gens* veut au masculin tous ses correspondants, excepté ceux qui le précèdent et qui ont une terminaison différente au féminin qu'au masculin; exemple : *Les bonnes gens sont tous un peu bavards.*

DU NOMBRE.

Il y a deux nombres dans les noms : le *singulier*, quand on ne parle que d'un seul être ou d'un seul objet, et le *pluriel*, quand on parle de plusieurs.

1re RÈGLE. — On forme le pluriel dans les noms en ajoutant une *s* au singulier : une *rose*, des *roses*, un *canif*, des *canifs*. Cependant les noms terminés au singulier par *s*, *x*, *z*, ne changent pas au pluriel : une *vis*, des *vis*, le *nez*, les *nez*, la *voix*, les *voix*.

2e RÈGLE. — Les noms terminés au singulier par *eau*, *au*, *eu*, prennent un *x* au pluriel; ex. : le *marteau*, les *marteaux*, le *tuyau*, les *tuyaux*, le *lieu*, les *lieux*, etc. Il en est de même des sept substantifs ci-après, qui s'écrivent au pluriel avec un *x;* savoir : *chou*, *caillou*, *ge-*

nou, bijou, joujou, pou et *hibou ;* les autres substantifs en *ou* prennent une *s.*

3e RÈGLE. — Les noms en *al* et *ail* font le pluriel en *aux ;* hôpital, hôpitaux, caporal, caporaux, émail, émaux; excepté : *bal, carnaval, régal, détail, portail,* et quelques autres que l'usage apprendra, dont le pluriel s'écrit avec une *s,* des *bals,* etc.

Exercices.

N° 1. — C'est en vain que les Russes ont voulu défendre la capitale de cette ancienne et illustre Pologne, l'aigle français plane sur la Vistule. — Les général choisissent leurs aide de camp et soumettent ce choix à l'approbation ministérielle. — Les cartouche à étoiles tiré en l'air par une troupe nombreuse produisent un très-bel effet. — Les arme de l'Empire français étaient un aigle tenant un foudre dans les griffe. — Alexandre était un foudre de guerre, Cicéron un foudre d'éloquence. — Germanicus porta les aigle romain jusqu'aux rives de l'Elbe. — La Renommée est représentée avec un trompette. — On envoya un trompette sonner le pansage. — Dans le dernier travail on a nommé plus de trente aide-major de première classe. — Un enseigne aux gardes a monté le premier à l'assaut et a tué de sa main deux officier ennemi qui se tenaient, enseigne déployé, sur les rempart.

Pompée a besoin d'aide, il vient chercher le votre.
Arborons de ses lis les enseigne flottant.

Après une campagne heureuse, quel délices de revoir la patrie et de recevoir les félicitation de tous les gens qui nous sont cher !

N° 2. — L'étude de la langue française est hérissée de difficulté ; la multiplicité des règle, des exception et même des contradictions, présente un dédale dont les plus érudit ne sortent pas toujours avec succès. — Mais c'est surtout dans l'orthographe usuelle qu'ils commettent les faute les plus bizarres. Comment dès lors s'étonner si des militaire généralement moins exercés éprouvent de l'embarras à écrire une foule de mot très-familiers, sans doute, mais dont on ne connaît bien l'orthographe qu'après les avoir écrits nombre de fois ? — Dans le but d'épargner aux soldat employés aux écriture la peine de recourir trop souvent au dictionnaire, je donne ci-après, pour divers service, une nomenclature des mot qui m'ont paru les plus embarrassants, et je leur conseille de les copier plusieurs fois, tant au singulier qu'au pluriel.

Nota. Les mots qui suivent sont écrits correctement :

Comptabilité . .	In-folio — in-octavo — recto — verso — visa — errata — alinéa — post-scriptum — récépissé — reliquat débet—déficit—et cætera—sandaraque—sebile, etc.
Habillement . .	Treillis — burnous — manteau — portemanteau — capote — torsade — contre-épaulette — courroie — agrafe — colback — czaspski — shako — tire-botte — hausse-col — kepy — phécy.
Harnachement .	Sabretache — couvre-giberne — havre-sac — mors — rêne — selle — bât — schabraque — arçon — cache-oreilles — hache-paille — surfaix.
Armement et Campement.	Baraque — tente — faisceau — avant-train — écrou — esse d'essieu — moyeu-affût — chariot — charrette — châssis — tire-bourre — éclisse — culasse — gargousse — sabre-baïonnette — vis — tourne-vis — monte-ressort — saindoux — vieux oing.

TROISIÈME SÉANCE.

De l'article. — De l'élision. — De l'apostrophe. — De la contraction.

DE L'ARTICLE.

L'article sert à faire connaître le genre et le nombre du substantif. Il y a deux sortes d'articles :

L'article défini : *le, la, les.*

L'article indéfini : *un, une, des* (1).

Le, un, se placent devant les noms communs masculins singuliers.

La, une, se placent devant les noms communs féminins singuliers.

Les, des, se placent devant les noms communs pluriels des deux genres.

Ex. : *Le, un* soldat ; *la, une* armée ; *les, des* ennemis.

On remplace par une apostrophe (') les lettres *e, a,* des articles *le, la,* quand le mot suivant commence par une voyelle ou une *h* muette. Ainsi on dit : *l'oiseau* et non *le oiseau, l'armée* et non pas *la armée.* C'est ce qu'on appelle une *élision.*

Devant un nom singulier masculin qui commence par une consonne ou une *h* aspirée, on met *du* pour *de le, au* pour *à le : du* prince, *au* prince, pour *de le* prince, *à le* prince, *du* héros pour *de le* héros.

Devant tous les noms masculins ou féminins pluriel, *des* pour *de les, aux* pour *à les : des* hommes, *des* femmes, *aux* hommes, *aux* femmes. C'est ce qu'on appelle la contraction.

---

(1) Il ne faut pas confondre *des* article indéfini avec *des* article contracté : le premier signifie *quelques* et le second est mis pour *de les.*

Exercices.

Dans une guerre que les Romains soutinrent contre Pyrrhus, roi d'Épire, le consul Fabricius, général *de la* armée romaine, reçut une lettre *de le* médecin de ce roi, qui lui offrait d'empoisonner son maître, si les Romains s'engageaient à lui donner une récompense proportionnée à le grand service qu'il leur rendrait. Fabricius avertit immédiatement Pyrrhus de se tenir sur ses gardes, en lui faisant parvenir la lettre suivante : O Roi! vous choisissez mal vos amis et vos ennemis; c'est ce que vous reconnaîtrez lorsque vous aurez lu la lettre qu'on nous a écrite et que nous vous envoyons; car vous faites la guerre à *de les* gens d'honneur, et vous donnez votre confiance à *de les* méchants et à *de les* perfides.

QUATRIÈME SÉANCE.

De l'adjectif. — Formation du féminin et du pluriel dans les adjectifs. — Accord de l'adjectif avec le nom.

DE L'ADJECTIF.

L'adjectif exprime la qualité, la manière d'être du substantif auquel il se rapporte, que ce substantif soit masculin ou féminin, singulier ou pluriel. L'adjectif varie donc de deux manières, par rapport au genre et par rapport au nombre.

Voici les règles de cette double variation :

FORMATION DU FÉMININ.

1re Règle. — Tout adjectif terminé au masculin par un *e* muet ne change pas au féminin : *sage, utile*, etc.

1.

Tout adjectif non terminé au masculin par un *e* muet en prend un au féminin : *petit, petite ; poli, polie; vrai, vraie ; zélé, zélée*, etc.

2ᵉ Règle. — On double la dernière consonne et l'on ajoute un *e* muet aux adjectifs terminés au masculin par :

el — cruel, cruelle ;   *os* — gros grosse ;

eil — vermeil, vermeille ;   *on* — bon, bonne ;

ul — nul, nulle ;   *ien* — ancien, ancienne ;

ol — fol, folle ;   *ot* — vieillot, vieillotte ;

as — bas, basse ;   *et* — net, nette.

es — exprès, expresse ;

Cependant concret, complet, discret, inquiet, replet, prêt, ras, font : concrète, complète, discrète, inquiète, replète, prête, rase.

Les adjectifs *beau, nouveau, fou, mou, vieux*, qui font aussi au masculin singulier *bel, nouvel, fol, mol, vieil*, quand le mot suivant commence par une voyelle ou une *h* muette, forment leur féminin par le redoublement de la consonne suivie d'un *e* muet.

3ᵉ Règle. — Les adjectifs qui se terminent en *f* changent *f* en *ve : naïf, naïve ; veuf, veuve ; bref, brève*. Ceux en *x* changent *x* en *se : heureux, heureuse ; jaloux, jalouse;* excepté : *doux, roux, faux*, qui font *douce, rousse, fausse*.

4ᵉ Règle. — *Blanc, franc, sec, frais*, font *blanche, franche, sèche, fraîche; public, caduc, turc, grec*, font *publique, caduque, turque, grecque; long, oblong, tiers, malin, bénin*, font *longue, oblongue, tierce, maligne, bénigne. Favori* fait *favorite; châtain, fat, dispos*, ne s'emploient pas au féminin.

5ᵉ Règle. — Les adjectifs en *eur*, provenant d'un participe présent, changent *eur* en *euse : parleur, menteur, voleur, trompeur*, dont le féminin est *parleuse, menteuse*, etc. Cependant, *débiteur* fait *débitrice; inventeur, inventrice; exécuteur, exécutrice; persécuteur, persécu-*

trice. Les adjectifs en *teur* non formés d'un participe présent se terminent au féminin en *trice* : *protecteur*, *protectrice*, etc.

FORMATION DU PLURIEL.

Les règles 1, 2 et 3, données pour la formation du pluriel dans les substantifs (pages 6 et 7), sont applicables aux adjectifs; on dira seulement qu'il y a un certain nombre d'adjectifs en *al* qui suivent la règle générale, et que d'autres n'ont pas de pluriel masculin; l'usage les fera connaître.

ACCORD DE L'ADJECTIF.

Tout adjectif s'accorde en genre et en nombre avec le nom ou pronom auquel il se rapporte : *le grand capitaine, les Français invincibles, nous sommes affables.*

L'adjectif qui se rapporte à deux substantifs ou pronoms singuliers se met au pluriel; *féminin*, si les substantifs sont féminins; *masculin*, s'ils sont masculins ou de différents genres. Ex. : *Le père et la mère furent contents. Le père et le fils étaient présents, la mère et la fille étaient absentes. Vous et moi nous fûmes légers.* Toutefois, si l'adjectif se rapporte à deux substantifs ayant à peu près la même signification, ou qui soient séparés par une conjonction marquant l'exclusion de l'un de ces substantifs, l'accord se fait avec le dernier seulement. Ex. : *La politesse et l'affabilité du colonel est fort remarquable. Le général ou son aide de camp sera chargé de cette mission. Ni le caporal ni le sergent n'a été proposé pour cet emploi.*

Exercices.

N° 3. Aucun Français ne doit ignorer l'histoire de Jeanne d'Arc, connu aussi sous le nom de la Pucelle d'Orléans. Cet héroïne naquit à Domremy, village de

Lorraine, dans le département des Vosges. A l'époque où Jeanne parut, la situation de la France était des plus critique. Les Anglais, alors nos ennemis, possédaient les trois quarts de notre patrie et voulaient conquérir le reste. Ils avaient, à cet effet, mis le siége devant Orléans, la plus importante des quelque ville restée fidèle à Charles VII. Poussé par une inspiration divin, la vierge de Vaucouleurs quitte ses champs, brave les dangers d'un long voyage et finit par se faire admettre en présence de son roi, qu'elle persuade ainsi que les généraux, tant ses paroles sont prophétique et inspirée. Jeanne pénètre dans Orléans avec les plus braves chevaliers, l'armée reprend confiance sous sa bannière et force bientôt les Anglais à lever le siége. — Les succès qu'elle obtient tiennent du prodige, Charles n'hésite plus à suivre sa libérateur jusqu'à Reims, où il fut sacré à la grande satisfaction du peuple et de l'armée. Jeanne d'Arc assista au couronnement du gentil Dauphin, sa bannière blanc à la main ; c'était la seul récompense qu'elle demandait. Considérant sa mission comme terminé, elle supplia le roi de la rendre à ses parents, à ses travaux rustiques ; Charles la retint ; quelque temps après, elle fut blessé et pris au siége de Compiègne, puis brûlé vif comme sorcière sur la place public de Rouen. Chrétienne fort et sublime, Jeanne d'Arc supporta ce supplice cruel avec foi et résignation, en priant pour ses meurtriers, pour son roi et pour la France.

———

N° 4. — De tout les barbare qui ont envahi les Gaules, les Huns étaient les plus hideux et les plus féroce. Ces hordes sauvage inspiraient un tel effroi qu'à leur approche les populations tout entier se sauvaient dans les bois. En apprenant qu'Attila, leur roi, se dirigeait sur Paris, les habitants de cette ville déjà très-riche, mais moins étendu qu'elle ne l'est aujourd'hui, furent saisi

d'épouvante et se préparaient même à fuir sur des bateaux avec toute leur richesses. Une jeune fille, pour
les vertus de laquelle saint Germain, évêque d'Auxerre,
avait le plus grand respect, montra seul un courage
viril au milieu de la consternation, de l'abattement
général.

Comment, leur dit sainte Geneviève, vous abandon-
nerez votre ville au lieu de la défendre! Mais où irez-
vous? Dans quel place plus fort trouverez-vous un re-
fuge? Vos bateaux seront saisi et pillé, vos femmes et
vos enfants massacré ou réduit en esclavage. Défendez-
vous plutôt à l'abri de vos remparts qui sont presque
inexpugnable, combattez, faites votre devoir, mettez en
Dieu votre confiance et la victoire vous restera. Ce langage fut entendu, les femmes surtout encouragèrent
leur mari, leur père, leur fils, et Paris fut sauvé. Attila
voyant les préparatifs de défense, jugea que la conquête
de cette ville serait moins facile qu'il n'avait pensé, et
décampa au milieu de la nuit.

Comme Jeanne d'Arc, sainte Geneviève était ber-
gère; elle mourut très-vieil et fut canonisé par l'Eglise;
Paris l'a choisie pour sa patronne. On ne s'explique
pas pourquoi la premier de ces deux illustre filles n'a
pas eu le même honneur, car sa vie n'a été ni moins
régulière ni moins pur que celle de la patronne de
Paris.

CINQUIÈME SÉANCE.

**Degrés de qualification dans les adjectifs. — Des adjectifs
possessifs, démonstratifs, numéraux et indéfinis. — Observations sur vingt, cent, mille, mon, ton, son, leur, ce, cet.**

DEGRÉS DE QUALIFICATION.

On peut donner aux adjectifs trois degrés de qualification : *le positif, le comparatif* et le *superlatif.*

Le positif indique simplement la qualité ; *un soldat vigilant.*

Le comparatif indique la qualité avec comparaison. Il y en a trois : 1° le comparatif d'*égalité* : Paul est *aussi brave* que Jules ; 2° le comparatif de *supériorité* : Paul est *plus brave* que Jules ; 3° le comparatif d'*infériorité* : Paul est *moins brave* que Jules.

Il se forme du positif précédé de *aussi, plus, moins,* etc.

Le superlatif indique la qualité portée au plus haut degré avec ou sans comparaison. Il se forme du positif précédé des adverbes *très, fort, extrêmement, le plus, la plus, le moins, la moins,* etc., Paul est *très-brave.* C'est *le plus brave* de la compagnie.

On dit *meilleur* pour *plus bon* (qui ne se dit pas), *moindre* pour *plus petit, pire* pour *plus mauvais !* Cette pêche est *meilleure* que l'autre. Précédés de *le, la, les,* ces trois comparatifs deviennent des superlatifs : c'est la *pire* de mes aventures.

Les adjectifs *immortel, éternel, unique,* et tous ceux qui ont un sens absolu, n'ont ni comparatif, ni superlatif. On ne dira donc pas : *plus éternel, moins unique.*

ADJECTIFS POSSESSIFS.

Ces adjectifs sont :

SINGULIER.		PLURIEL.
Masculin.	Féminin.	Des deux genres.
mon, ton, son,	ma, ta, sa,	mes, tes, ses.
notre, votre, leur.	notre, votre, leur.	nos, vos, leurs.

REMARQUE. — *Mon, ton, son,* s'emploient au féminin au lieu de *ma, ta, sa,* quand le substantif qui suit commence par une voyelle ou une *h* muette. *Mon* épée, pour *ma* épée, *ton* histoire, pour *ta* histoire.

Lorsque l'idée de possession est suffisamment indiquée, on remplace l'adjectif possessif par l'article. On ne dira donc pas : j'ai mal à *ma* tête, mais : j'ai mal à *la* tête, parce que le sens indique clairement que je ne puis avoir mal à la tête d'une autre personne; une balle m'a traversé *la* cuisse.

Si le possesseur et l'objet possédé se trouvent dans la même proposition (on appelle ainsi l'expression d'un jugement), on doit se servir des adjectifs possessifs, soit pour les personnes, soit pour les choses : chacun a *ses* défauts, chaque garnison a *ses* avantages.

Mais, si le substantif possesseur est exprimé dans une proposition et l'objet possédé dans une autre, on se sert ordinairement de *son*, *sa*, *ses*, quand l'objet possesseur est un nom de personne, et du pronom *en*, lorsque cet objet est un nom de choses. Ex. :

La fortune a son prix : l'imprudent *en* abuse,
L'hypocrite *en* médit, et l'honnête homme *en* use.

Cicéron périt... trois siècles après, un empereur plaça *son* image dans un temple.

ADJECTIF DÉMONSTRATIF.

Il n'y a qu'un adjectif démonstratif : *ce* ou *cet* pour le masculin singulier, *cette* pour le féminin singulier, *ces* pour le pluriel de deux genres.

REMARQUE. On emploie *ce* devant les noms qui commencent par une consonne ou une *h* aspirée : *ce casque*, *ce harnais*. *Cet* s'emploie devant les noms masculins commençant par une voyelle ou une *h* muette : *cet arc*, *cet habit*.

ADJECTIFS NUMÉRAUX.

Les adjectifs numéraux expriment le nombre ou le rang ; quand ils expriment le nombre, on les appelle adjectifs *numéraux cardinaux ;* quand ils expriment le rang, adjectifs *numéraux ordinaux.*

Les adjectifs numéraux ordinaux varient en genre et en nombre comme l'adjectif qualificatif ; ex. : *quinzième* régiment, *troisième* compagnie. Ils arrivèrent les *premiers*. Les adjectifs numéraux cardinaux sont invariables, lors même qu'ils sont employés substantivement : l'armée d'Alexandre comptait à peine *quarante mille* hommes, infanterie et cavalerie : la commission des *neuf*. Excepté : *un* qui fait *une* au féminin, *vingt, cent;* qui prennent une *s* lorsqu'ils sont multipliés par un autre nombre et suivis d'un substantif exprimé ou sous-entendu. Ex. : *quatre-vingts* hommes, *quatre cents* chevaux. Ils étaient *quatre-vingts, quatre cents*. Dans cette acception, on peut considérer ces adjectifs comme des substantifs; il en est de même de *million* et *milliard*, etc.

Vingt et *cent*, employés pour vingtième, centième, sont invariables : chapitre *quatre-vingt*, chapitre *deux cent*.

Mille exprimant le nombre dix fois *cent* est invariable : trois *mille* hommes ; mais *mille* indiquant une mesure *itinéraire* (de chemin) est substantif, et prend une *s* au pluriel. Ce village est à trois *milles* de Londres. Ce cheval fait dix *milles* à l'heure.

Par abréviation, on écrit *mil* dans la supputation ordinaire des années, depuis l'ère chretienne : La bataille de la Moskowa eut lieu le 7 septembre mil-huit-cent-douze.

ADJECTIFS INDÉFINIS.

Ces adjectifs sont : *nul, tel, aucun, tout, même* et *quelque*, etc. Ceux dont l'orthographe présente quelque difficulté feront l'objet de la séance du cours de troisième année.

Exercices.

Pendant le siége de Faleries par Camille, général romain, un traître avait résolu de lui livrer la ville. Cet homme indigne était un instituteur qui passait pour très-instruit et avait pour élèves les enfants de tous les citoyens les plus distingués. Un jour de promenade il les conduisit par de nombreux détours dans le camp des Romains. « Général, dit-il à Camille, Faleries est maintenant en votre pouvoir, car voici les enfants des citoyens les plus influents de la ville, et pour les ravoir ils subiront de plus dures conditions que si la ville était amenée à se rendre ou qu'elle fût prise d'assaut. » « Tu as donc pensé, misérable, lui répondit Camille, que les Romains sont aussi lâches que toi... Apprends, perfide, que les droits de la justice sont sacrés et que ce serait partager la honte de ta trahison que d'en profiter ». En même temps il rassura toute cette jeunesse tremblante, la fit reconduire à Faleries et livrer à la juste vengeance des habitants le traître chargé de fers.

La conduite du général romain avait gagné tous les cœurs ; les habitants de Faleries, aimant mieux avoir pour ami que pour ennemi un peuple à la fois si brave et si généreux, ouvrirent leurs portes aux Romains et devinrent leurs alliés.

N°. 1. — Le roi Charles XII était d'autant plus altier qu'il était plus malheureux.—Ma blessure me cause une douleur aigu. — La prison qui est contigu au corps de garde est trop exigu. Une jument hargneux, ombrageux, rétif, produit des poulains qui ont le même naturel. — Le bonheur et la paix publique s'achètent quelquefois au prix de plusieurs victoires. — La guerre civile est le règne du crime. — Les nouveau et les ancien citoyens ne se regardent plus comme les membres d'une même république. — Vous trouverez ci-joint, ci-inclus une copie du procès-verbal. — La tête et tout le dessus du corps était d'un roux obscur, variée de taches marron, le ventre d'un blanc sale et les pieds gris-brun. — Les Arabes sont dans l'usage de se faire appliquer une couleur bleu foncé aux parties les plus apparentes du corps.

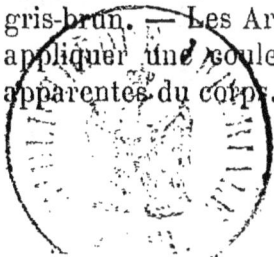

Quelque vains lauriers que promette la guerre,
On peut être héros sans ravager la terre.

Quelque soient nos talents, en quelque état que nous nous trouvions, souvenons-nous que la patrie a des droits imprescriptible et sacré sur tous nos actions et même sur nos sentiments, nous nous devons tout à elle et nous sommes obligé de voler à son secours au moindre danger. Feu l'impératrice Joséphine était universellement aimée. Après la cérémonie, la foule s'écoula tout pensif, tout accablé de douleur, se demandant sans doute combien il reste peu maintenant de ces hommes si brillant en mille huit cent, et qui ont été les compagnons des Kléber, des Masséna et des Napoléon. Tout citoyen doit obéir aux lois, même injustes.

SIXIÈME SÉANCE.

Du pronom. — Tableau des pronoms. — Emploi des pronoms comme sujet, comme compléments. — Distinguer *le, la, les,* articles de *le, la, les,* pronoms, *ce* adjectif de *ce* pronom, *leur* adjectif de *leur* pronom possessif. — Accord du pronom *le*. — Emploi des pronoms relatifs *qui, que, quoi, lequel, laquelle,* etc., comme conjonctif ou comme interrogatif. — Antécédent du pronom relatif.

PRONOMS.

Le *pronom* s'emploie ordinairement à la place d'un nom précédemment exprimé, afin d'en éviter la répétition ; il prend le genre et le nombre du nom dont il rappelle l'idée.

Il y a cinq sortes de pronoms ; en voici le tableau :

PRONOMS

PERSONNELS.	DÉMONSTRATIFS.	POSSESSIFS.		RELATIFS.	INDÉFINIS.
Des deux genres. { Je, me, moi, nous (1).	*1re Personne.* { Ce, celui. Celui-ci, celui-là. Ceux, ceux-ci.	Le mien. Le tien. Le sien.	*Masculin.*	Qui. Que. Lequel.	On. Quiconque. Chacun.
Tu, te, toi, vous (1).	*2e Personne.* { Ceux-là. Celle, celle-ci. Celle-là.	Le nôtre. Le vôtre. Le leur.		Laquelle. Lesquels. Lesquelles.	Autrui. Personne. L'un, l'autre
Masculin. Il, ils, eux. *Féminin.* Elle, elles.	*3e Personne.* { Celles, celles-ci. Celles-là. Ceci, cela.	La mienne La tienne. La sienne. La nôtre. La vôtre. La leur.	*Féminin.*	Dont.	Les uns. Les autres. Qui que ce soit. Quoi que ce soit.
Des deux genres. { Lui, leur, se, soi. Le, la, les.					
En, y.			Ces pronoms prennent un *s* au pluriel à chaque partie du mot.		

NOTA. Il y a trois personnes dans le dis-cours.
La première est celle qui parle, la deuxième est celle à qui l'on parle, et la troisième celle de qui l'on parle.

(1) Quand *nous* et *vous* rappellent l'idée d'une seule personne, le verbe se met au pluriel; mais les adjectifs correspondants restent au singulier : *Nous*, par la grâce de Dieu, empereur des Français, avons décrété et décrétons ce qui suit. — *Êtes-vous* colonel ou général ?

Avant de faire connaître la fonction des pronoms dans le discours, il faut dire ce que c'est que le sujet et les régimes du verbe.

Le nom ou pronom qui est dans l'état ou qui fait l'action marquée par le verbe s'appelle le *sujet* du verbe.

Ex. : *Nous* portions le désespoir dans les rangs de l'ennemi. C'est *nous* qui faisions l'action de porter, donc *nous* est le *sujet* de *portions*.

On trouve le sujet d'un verbe en faisant la question : *Qui est-ce qui?* pour les personnes, et *qu'est-ce qui?* pour les choses. Qui est-ce qui portait? *R*. Nous.

On appelle *régime*, ou complément, le mot qui dépend du verbe et qui sert à en compléter la signification. Il y a deux sortes de régimes, le régime *direct*, sur lequel tombe directement l'action du verbe : Nous portions le désespoir; et le régime *indirect*, qui complète la signification du verbe à l'aide d'une préposition : Dans les rangs de l'ennemi.

On reconnaît le régime direct en faisant la question *qui?* ou *quoi?* après le verbe; et le régime indirect par la question *à qui? de qui? avec qui? à quoi? de quoi? avec quoi?* Ex. : Nous portions *quoi?* le désespoir (régime direct). Nous portions le désespoir... *dans quoi?* dans les rangs de l'ennemi (régime indirect).

Parmi ces pronoms, *je, tu, il, ils*, sont toujours employés comme sujets; *le, la, les, que*, comme régimes directs; *lui, leur, dont, en, y*, comme régimes indirects; *me, te, se, soi*, comme régimes directs ou indirects, et les autres, tantôt comme sujets, tantôt comme régimes directs et tantôt comme régimes indirects.

Il ne faut pas confondre l'article *le, la, les*, ni les adverbes déterminatifs *ce, leur*, avec les pronoms *le, la, les, ce, leur*. L'article et les adjectifs sont toujours suivis d'un substantif et s'accordent avec lui en genre et en nombre : le fusil, ce fusil, leur fusil, ces fusils, leurs fusils, tandis que les pronoms sont toujours accompagnés d'un verbe, ou suivis d'un pronom relatif. Je *le* punirai; *ce* sont les Romains; *ce* qui me plaît; je *leur* fis distribuer deux rations.

ACCORD DU PRONOM *le*.

Le pronom *le* est invariable quand il représente un adjectif ou un membre de phrase. Êtes-vous mariée? Je *le* suis. Êtes-vous victorieux? Nous *le* sommes. Nous devons défendre le pays, protéger nos familles; nous ne pouvons nous dispenser de *le* faire.

Le pronom *le* est variable lorsqu'il tient la place d'un substantif suffisamment déterminé. Ex. : Êtes-vous la nouvelle mariée? *Je la suis.*

PRONOMS RELATIFS.

Quoiqu'ils soient invariables, les pronoms relatifs *qui* et *que* sont toujours du même genre, du même nombre et de la même personne que leur antécédent : c'est moi *qui* l'ai vu; c'est nous *qui* avons formé l'avant-garde ; ce sont eux *qui* ont été battus.

Lorsque l'antécédent de *qui* est un adjectif précédé de l'article, c'est cet adjectif qui détermine l'accord : vous êtes le seul *qui* n'ait pas de punition ; vous êtes le premier *qui* ait osé franchir le fossé. Mais, si l'adjectif n'est pas précédé de l'article, l'accord du pronom *qui* se fait avec le nom ou pronom auquel cet adjectif se rapporte. Ex. : Cette nouvelle fut agréable à tous, et surtout à nous trois *qui* devions revoir notre patrie. Vous êtes ici soixante *qui* pourrez faire campagne.

Employé comme sujet, *qui* se dit des personnes et des choses; mais employé comme régime, il ne se dit que des personnes ou des choses personnifiées : l'enfant à *qui* tout cède est le plus malheureux. Rochers à *qui* je me plains, bois à *qui* je conte mes peines.

Lequel, *laquelle*, peuvent se dire, tant au singulier qu'au pluriel, des personnes et des choses, mais seulement lorsqu'ils sont régimes d'une préposition. Ex. :

L'officier avec *lequel* je me suis entretenu. Le camp dans *lequel* nous étions retranchés.

Lequel, laquelle, etc., s'emploient au lieu de *qui*, toutes les fois qu'il s'agit d'éviter une équivoque ou qu'on veut donner à la phrase, sinon plus d'élégance, du moins plus de précision. Ex. : *Lequel* préférez-vous? J'ai reçu une lettre de mon père, *laquelle* m'apprend qu'il se porte bien. Ce pronom suit, d'ailleurs, les règles d'accord posées pour l'adjectif.

Exercices.

N° 3. — *Bourbon.* — N'est-ce pas le pauvre Bayard que je vois au pied de cet arbre, étendu sur l'herbe et percé d'un grand coup? Oui, c'est lui-même. Hélas! je le plains. Mais avançons pour lui parler. — Ah! mon pauvre Bayard, c'est avec douleur que je te vois en cet état.

Bayard. — C'est avec douleur que je vous vois aussi, et je vous trouve bien plus à plaindre que moi. Je sors de la vie sans tache, j'ai sacrifié la mienne à mon devoir; je meurs pour mon pays, pour mon roi, estimé des ennemis de la France et regretté de tous les bons Français. Mon état est digne d'envie.

Bourbon. — Et moi je suis victorieux d'un ennemi qui m'a outragé; je me venge de lui; je le chasse du Milanais; je fais sentir à toute la France combien elle est malheureuse de m'avoir perdu en me poussant à bout; appelles-tu cela être à plaindre?

Bayard. — Oui, on est toujours à plaindre quand on agit contre son devoir : il vaut mieux périr en combattant pour la patrie que la vaincre et triompher d'elle. Ah! quelle horrible gloire que celle de détruire son propre pays!

Bourbon. — Mais ma patrie a été ingrate, après tant

de services que je lui avais rendus. Madame m'a fait traiter indignement par un dépit d'amour. Le roi, par faiblesse pour elle, m'a fait une injustice énorme en me dépouillant de mon bien. On a détaché de moi jusqu'à mes domestiques. J'ai été contraint, pour sauver ma vie, de m'enfuir presque seul : que voulais-tu que je fisse ?

Bayard. — Que vous souffrissiez toutes sortes de maux plutôt que de manquer à la France et à la grandeur de votre maison. Si la persécution était trop violente, vous pouviez vous retirer; mais il valait mieux que vous fussiez pauvre, obscur, inutile à tout, que de prendre les armes contre nous.

Bourbon. — Mais ne vois-tu pas que la vengeance s'est jointe à l'ambition pour me jeter dans cette extrémité? J'ai voulu que le roi se repentît de m'avoir traité si mal. Il a été si injuste et si aveuglé par sa mère ! méritait-il que j'eusse de si grands égards pour lui?

Bayard. — Si le roi ne le méritait pas, la France entière le méritait. La dignité même de la couronne, dont vous êtes un des héritiers, le méritait. Vous vous deviez à vous-même d'épargner la France, dont vous pouviez être roi un jour.

Bourbon. — Eh bien ! j'ai tort, je l'avoue ; mais ne sais-tu pas combien les meilleurs cœurs ont de peine à résister à leur ressentiment?

Bayard. — Je le sais bien ; mais le vrai courage consiste à y résister : si vous connaissez votre faute, hâtez-vous de la réparer. Pour moi, je meurs, et je vous trouve plus à plaindre dans vos prospérités que moi dans mes souffrances. Tous vos succès n'effaceront pas la tache qui déshonore votre vie.

SEPTIÈME SÉANCE.

Du verbe. — Différentes sortes de verbes. — Du nombre, de la personne, du temps et du mode dans le verbe.

VERBE.

DIFFÉRENTES SORTES DE VERBES.

Le verbe est le mot qui exprime que l'on est ou que l'on fait quelque chose.

Il y a deux verbes, *avoir* et *être*, qui aident à la conjugaison des autres ; par cette raison on les appelle verbes *auxiliaires*. Le premier marque l'action, le second marque l'état. Le verbe avoir devient *actif*, lorsqu'il exprime la possession : *il a de la fortune.*

Indépendamment de ces deux verbes, nous avons les verbes *attributifs*, c'est-à-dire qui renferment l'idée du verbe *être* avec une qualité appartenant au sujet, comme dans : je *lis*, le soleil *brille*, qui signifient *je suis lisant, le soleil est brillant.*

Il y a cinq sortes de verbes attributifs : le verbe *actif*, le verbe *passif*, le verbe *neutre*, le verbe *réfléchi* et le verbe *impersonnel*.

Un verbe est *actif* quand le sujet fait l'action et que cette action passe sur le régime direct. Ex. : *l'homme juste honore la vertu.*

Quant le sujet reçoit, souffre l'action exprimée par le verbe, alors le verbe est *passif*. Ex. : *notre avant-garde a été attaquée à l'improviste par celle de l'ennemi.*

La conjugaison du verbe passif n'est autre que celle du verbe *être* suivi du participe passé défini d'un verbe attributif. Il n'y a que le verbe actif qui puisse devenir passif. Ce changement se fait en prenant le régime direct du verbe actif pour en faire le sujet du verbe passif, et le sujet pour en faire le régime indirect. Ex. : *J'aime mon père ;* cette phrase, changée en passif, devient : *Mon père est aimé par moi.*

On appelle *neutre* le verbe qui n'est ni actif ni passif ; il exprime bien, comme le verbe actif, une action faite par le sujet, mais il n'a pas de régime direct : je *cours,* tu *marches,* il *tombe.*

Le verbe *réfléchi* exprime une action faite et reçue tout à la fois par le sujet, l'action se réfléchit sur son auteur : *l'homme s'honore en pratiquant la vertu. Il se repent.* Le premier est accidentellement et le second est essentiellement réfléchi.

Le verbe *impersonnel* ne se conjugue qu'à la troisième personne du singulier, comme : il *pleut,* il *neige,* il *faut,* il *arrive,* il *convient.* Les trois premiers sont essentiellement et les deux autres accidentellement impersonnels.

MODIFICATIONS DU VERBE.

Le verbe varie sous les rapports du nombre, de la personne, du mode et du temps. Il y a deux nombres dans les verbes comme dans les noms, le singulier et le pluriel, *il aime, ils aiment.* Il y a trois personnes : la première est celle qui parle : elle est marquée dans les verbes par les pronoms *je, nous.* La deuxième est celle à qui l'on parle : elle est marquée par les pronoms *tu, vous.* La troisième est celle de qui l'on parle : elle est marquée par les pronoms *il, elle, ils, elles,* et par les substantifs qui sont tous de la troisième personne.

Il y a cinq modes. L'*indicatif,* qui affirme qu'une chose se fait, s'est faite, ou se fera ; le *conditionnel,* qui affirme qu'une chose se ferait, moyennant une condition ; l'*impératif,* quand on commande qu'elle se fasse ; le *subjonctif,* quand on souhaite ou qu'on doute qu'elle se fasse, et l'*infinitif,* qui exprime l'action d'une manière vague et indéterminée.

2

Le *temps* exprime la partie de la durée à laquelle répond l'affirmation marquée par le verbe. La durée se divise en trois époques : le *présent*, le *passé* et le *futur*.

Le *présent* annonce qu'une chose est ou se fait au moment de la parole : *je lis*. Le présent étant indivisible, ce temps n'admet qu'une forme dans la conjugaison. Mais le *passé* et le *futur* pouvant être divisés, ces deux temps admettent plusieurs formes que l'on apprendra dans le tableau des conjugaisons ci-après.

Les temps se divisent en temps *simples* et en temps *composés*. Les temps simples sont ceux où il n'entre que le verbe, comme : je marche, nous marchions. Les temps composés sont ceux qui prennent un des deux auxiliaires : j'ai marché, nous *étions venus*.

Les temps simples se divisent eux-mêmes en temps *primitifs* et en temps *dérivés*. Les temps primitifs sont ceux qui servent à former les autres ; il y en a cinq : le *présent de l'indicatif*, le *passé défini de l'indicatif*, le *présent de l'infinitif*, le *participe présent* et le *participe passé défini*. Les temps dérivés sont ceux qui se forment des temps primitifs. Cette distinction est utile à établir pour l'étude de la formation des temps.

DE LA HUITIÈME A LA QUATORZIÈME SÉANCE.

Conjugaison des auxiliaires et des verbes réguliers des quatre conjugaisons avec la formation des temps:

CONJUGAISON D[

AVOIR.

Temps simples.	Temps composés.	Temps simples.	Temps composés.

INDICATIF

PRÉSENT.
J'ai.
Tu as.
Il a.
Nous avons.
Vous avez.
Ils ont.

PASSÉ INDÉFINI.
J'ai eu.
Tu as eu.
Il a eu.
Nous avons eu.
Vous avez eu.
Ils ont eu.

IMPARFAIT.
J'avais.
Tu avais.
Il avait.
Nous avions.
Vous aviez.
Ils avaient.

PLUS-QUE-PARFAIT.
J'avais eu.
Tu avais eu.
Il avait eu.
Nous avions eu.
Vous aviez eu.
Ils avaient eu.

PASSÉ DÉFINI.
J'eus.
Tu eus.
Il eut.
Nous eûmes.
Vous eûtes.
Ils eurent.

PASSÉ ANTÉRIEUR.
J'eus eu.
Tu eus eu.
Il eut eu.
Nous eûmes eu.
Vous eûtes eu.
Ils eurent eu.

FUTUR.
J'aurai.
Tu auras.
Il aura.
Nous aurons.
Vous aurez.
Ils auront.

FUTUR ANTÉRIEUR.
J'aurai eu.
Tu auras eu.
Il aura eu.
Nous aurons eu.
Vous aurez eu.
Ils auront eu.

IMPÉRATIF

PRÉSENT.
»
Aie.
»
Ayons.
Ayez.
»

SUBJONCTIF.

PRÉSENT.
Que j'aie.
tu aies.
il ait.
nous ayons.
vous ayez.
ils aient.

PARFAIT.
Que j'aie eu.
tu aies eu.
il ait eu.
nous ayons eu.
vous ayez eu.
ils aient eu.

IMPARFAIT.
Que j'eusse.
tu eusses.
il eût.
nous eussions.
vous eussiez.
ils eussent.

PLUS-QUE-PARFAIT.
Que j'eusse eu.
tu eusses eu.
il eût eu.
nous eussions e[
vous eussiez eu
ils eussent eu.

INFINITIF

PRÉSENT.
Avoir.

PASSÉ.
Avoir eu.

CONDITIONNEL

PRÉSENT.
J'aurais.
Tu aurais.
Il aurait.
Nous aurions.
Vous auriez.
Ils auraient.

PASSÉ.
J'aurais eu.
Tu aurais eu.
Il aurait eu.
Nous aurions eu.
Vous auriez eu.
Ils auraient eu (1).

PARTICIPES

PRÉSENT.
Ayant.

PASSÉ INDÉFINI.
Ayant eu.

PASSÉ DÉFINI.
Eu, eue.

(1) On dit aussi : J'eusse eu, tu eusses eu, il eût eu, nous eussions eu, vous eussiez eu, ils eussent eu.

Nota. Ce tableau a l'avantage de présenter à la fois : 1° la conjugaison des de[rendre le rapport plus sensible. On récitera d'abord les temps simples de l'indicat[

Les verbes attributifs ont quatre conjugaisons dont le tableau suivant présente l[naison est : *er* pour la première, *ir* pour la deuxième, *oir* pour la troisième et *re* po[

L'étude des conjugaisons et celle de la formation des temps devant être simul[

ERBE AUXILIAIRE

ÊTRE.

Temps simples.	Temps composés.	Temps simples.	Temps composés.

INDICATIF

PRÉSENT.	PASSÉ INDÉFINI.
Je suis.	J'ai été.
Tu es.	Tu as été.
Il est.	Il a été.
Nous sommes.	Nous avons été.
Vous êtes.	Vous avez été.
Il sont.	Ils ont été.

IMPARFAIT.	PLUS-QUE-PARFAIT.
J'étais.	J'avais été.
Tu étais.	Tu avais été.
Il était.	Il avait été.
Nous étions.	Nous avions été.
Vous étiez.	Vous aviez été.
Ils étaient.	Ils avaient été.

PASSÉ DÉFINI.	PASSÉ ANTÉRIEUR.
Je fus.	J'eus été.
Tu fus.	Tu eus été.
Il fut.	Il eut été.
Nous fûmes.	Nous eûmes été.
Vous fûtes.	Vous eûtes été.
Ils furent.	Ils eurent été.

FUTUR.	FUTUR ANTÉRIEUR.
Je serai.	J'aurai été.
Tu seras.	Tu auras été.
Il sera.	Il aura été.
Nous serons.	Nous aurons été.
Vous serez.	Vous aurez été.
Ils seront.	Ils auront été.

CONDITIONNEL

PRÉSENT.	PASSÉ.
Je serais.	J'aurais été.
Tu serais.	Tu aurais été.
Il serait.	Il aurait été.
Nous serions.	Nous aurions été.
Vous seriez.	Vous auriez été.
Ils seraient.	Ils auraient été (1).

IMPÉRATIF

PRÉSENT.	
»	
Sois.	
›	
Soyons.	
Soyez.	
›	

SUBJONCTIF

PRÉSENT.	PASSÉ.
Que je sois.	Que j'aie été.
tu sois.	tu aies été.
il soit.	il ait été.
nous soyons.	nous ayons été.
vous soyez.	vous ayez été.
ils soient.	ils aient été.

IMPARFAIT.	PLUS-QUE-PARFAIT.
Que je fusse.	Que j'eusse été.
tu fusses.	tu eusses été.
il fût.	il eût été.
nous fussions.	nous eussions été
vous fussiez.	vous eussiez
ils fussent.	ils eussent été.

INFINITIF.

PRÉSENT.	PASSÉ.
Être.	Avoir été.

PARTICIPES.

PRÉSENT.	PASSÉ INDÉFINI.
Étant.	Ayant été.

PASSÉ DÉFINI.	
Été, *invariable.*	

(1) On dit aussi : J'eusse été, tu eusses été, il eût été, nous eussions été, vous eussiez été, ils eussent été.

verbes auxiliaires ; 2° de séparer les temps simples des temps composés et d'en puis les temps composés ; on suivra la même marche pour les autres modes. modèles. On les distingue par la terminaison du présent de l'infinitif. Cette termi- la quatrième.

hées, les règles de la formation ont été posées en regard de chaque temps.

TABLEAU contenant les modèles de

FORMATION des TEMPS SIMPLES.	INDICATIF. — TEMPS SIMPLES.			
	1re *er.*	2e *ir.*	3e *oir.*	4e *re.*
Primitif au singulier. Le pluriel se forme du participe présent, en changeant *ant* en *ons, ez, ent. Aimant :*—Nous aimons, vous aimez, ils aiment.	**PRÉSENT.** J'aime. Tu aimes. Il aime. Nous aimons. Vous aimez. Ils aiment.	Je finis. Tu finis. Il finit. Nous finissons. Vous finissez. Ils finissent.	Je reçois. Tu reçois. Il reçoit. Nous recevons. Vous recevez. Ils reçoivent.	Je romps. Tu romps. Il rompt. Nous rompons. Vous rompez. Ils rompent.
Dérivé ; se forme du participe présent en changeant *ant* en *ais. Aimant :*—J'aimais, etc.	**IMPARFAIT.** J'aimais. Tu aimais. Il aimait. Nous aimions. Vous aimiez. Ils aimaient.	Je finissais. Tu finissais. Il finissait. Nous finissions. Vous finissiez. Ils finissaient.	Je recevais. Tu recevais. Il recevait. Nous recevions. Vous receviez. Ils recevaient.	Je rompais. Tu rompais. Il rompait. Nous rompions. Vous rompiez. Ils rompaient.
Primitif.	**PASSÉ DÉFINI.** J'aimai. Tu aimas. Il aima. Nous aimâmes. Vous aimâtes. Ils aimèrent.	Je finis. Tu finis. Il finit. Nous finîmes. Vous finîtes. Ils finirent.	Je reçus. Tu reçus. Il reçut. Nous reçûmes. Vous reçûtes. Ils reçurent.	Je rompis. Tu rompis. Il rompit. Nous rompîmes. Vous rompîtes. Ils rompirent.
Dérivé ; se forme du présent de l'infinitif en changeant *r, oir, re,* en *rai, ras, ra. Aimer :* — J'aimerai, tu aimeras, il aimera.	**FUTUR.** J'aimerai. Tu aimeras. Il aimera. Nous aimerons. Vous aimerez. Ils aimeront.	Je finirai. Tu finiras. Il finira. Nous finirons. Vous finirez. Ils finiront.	Je recevrai. Tu recevras. Il recevra. Nous recevrons. Vous recevrez. Ils recevront.	Je romprai. Tu rompras. Il rompra. Nous romprons. Vous romprez. Ils rompront.
Dérivé ; se forme du présent de l'infinitif en changeant *r, oir, re,* en *r ais. Aimer :* — J'aimerais, tu aimerais, etc.	**CONDITIONNEL.** **PRÉSENT.** J'aimerais. Tu aimerais. Il aimerait. Nous aimerions. Vous aimeriez. Ils aimeraient.	Je finirais. Tu finirais. Il finirait. Nous finirions. Vous finiriez. Ils finiraient.	Je recevrais. Tu recevrais. Il recevrait. Nous recevrions. Vous receviez. Ils recevraient.	Je romprais. Tu romprais. Il romprait. Nous romprions. Vous rompriez. Ils rompraient.

Conjuguez sur la 1re conjugaison, accélérer, agacer, bafouer, barricader, captur
Id.   sur la 2e   *id.*   abasourdir, affermir, aguerrir, déguerpir, gém
Id.   sur la 3e   *id.*   apercevoir, asseoir, concevoir, devoir, mouvo
Id.   sur la 4e   *id.*   coudre, perdre, rendre, interrrompre, suivre,

{atre conjugaisons des verbes attributifs.

INDICATIF. — TEMPS COMPOSÉS.					FORMATION des TEMPS COMPOSÉS.
auxiliaire.	Participe passé défini des quatre modèles.				
PASSÉ INDÉFINI.					Se forme du présent de l'indicatif, de l'auxiliaire et du participe passé du verbe que l'on conjugue.
'ai 'u as l a 'ous avons 'ous avez ls ont	aimé.	fini.	reçu.	rompu.	
PLUS-QUE-PARFAIT					Se forme de l'imparfait de l'indicatif, de l'auxiliaire et du participe passé du verbe que l'on conjugue.
'avais 'u avais l avait Nous avions 'ous aviez Ils avaient	aimé.	fini.	reçu.	rompu.	
PASSÉ ANTÉRIEUR.					Se forme du passé défini de l'auxiliaire et du participe passé défini du verbe que l'on conjugue.
J'eus Tu eus Il eut Nous eûmes Vous eûtes Ils eurent	aimé.	fini.	reçu.	rompu.	
FUTUR ANTÉRIEUR.					Se forme du futur de l'auxiliaire et du participe passé du verbe que l'on conjugue.
J'aurai Tu auras Il aura Nous aurons Vous aurez Ils auront	aimé.	fini.	reçu.	rompu.	
CONDITIONNEL. **PASSÉ.**					Se forme du conditionnel présent de l'auxiliaire et du participe passé du verbe que l'on conjugue.
J'aurais Tu aurais Il aurait Nous aurions Vous auriez Ils auraient	aimé.	fini.	reçu.	rompu.	

hiper, conter, débourrer, dégriser, écharper, etc.
anguir, obscurcir, ravir, rôtir, roussir, salir, etc.
ourvoir, pouvoir, valoir, savoir, vouloir, etc.
lre, vivre, rire, dire, réduire, plaire, etc.

Suite du *TABLEAU contenant les modèl*

FORMATION des TEMPS SIMPLES	IMPÉRATIF. — TEMPS SIMPLES.			
	1ʳᵃ er.	2ᶜ ir.	3ᵉ oir.	4ᵉ re.
Dérivé; se forme du présent de l'indicatif en retranchant les pronoms.	**PRÉSENT.** Aime. Aimons. Aimez.	Finis. Finissons. Finissez.	Reçois. Recevons. Recevez.	Romps. Rompons. Rompez.
Dérivé; se forme du participe présent en changeant *ant* en *e*. *Aimant :* — Que j'aime, etc. — Le présent du subjonctif de la troisième conjugaison est irrégulier.	**SUBJONCTIF.** **PRÉSENT.** Que : j'aime. tu aimes. il aime. nous aimions. vous aimiez. ils aiment.	Que : je finisse. tu finisses. il finisse, nous finissions. vous finissiez. ils finissent.	Que : je reçoive. tu reçoives. il reçoive. nous recevions. vous receviez. ils reçoivent.	Que : je rompe. tu rompes. il rompe. nous rompions. vous rompiez. ils rompent.
Dérivé; se forme de la deuxième personne singulière du passé défini de l'indicatif, en ajoutant *se : tu aimas, que j'aimasse*, etc.	**IMPARFAIT.** Que : j'aimasse. tu aimasses. il aimât. nous aimassions. vous aimassiez. ils aimassent.	Que : je finisse. tu finisses. il finît. nous finissions. vous finissiez. ils finissent.	Que : je reçusse. tu reçusses. il reçût. nous reçussions. vous reçussiez. ils reçussent.	Que : je rompisse. tu rompisses. il rompît. nous rompission vous rompissiez ils rompissent.
Primitif.	**INFINITIF.** **PRÉSENT.** Aimer.	Finir.	Recevoir.	Rompre.
Primitif.	**PARTICIPES.** **PRÉSENT.** Aimant.	Finissant.	Recevant.	Rompant.
Primitif.	**PASSÉ DÉFINI.** Aimé, ée.	Fini, ie.	Reçu, ue.	Rompu, ue.

Conjuguez sur la 1ʳᵉ conjugaison, accélérer, agacer, bafouer, barricader, capture
Id.   sur la 2ᵉ   id.   abasourdir, affermir, aguerrir, déguerpir, gémi
Id.   sur la 3ᵉ   id.   apercevoir, asseoir, concevoir, devoir, mouvoi
Id.   sur la 4ᵉ   id.   coudre, perdre, rendre, interrompre, suivre, t

es quatre conjugaisons des verbes attributifs.

INDICATIF. — TEMPS COMPOSÉS.					FORMATION des TEMPS COMPOSÉS.
auxiliaire.	Participe parfait défini des quatre modèles.				
»	»	»	»	»	

SUBJONCTIF.

PASSÉ.

Que: aie i aies l ait ous ayons ous ayez s aient	aimé.	fini.	reçu.	rompu.	Se forme du présent du subjonctif de l'auxiliaire et du participe passé du verbe que l'on conjugue.

PLUS-QUE-PARFAIT.

Que: eusse i eusses eût ous eussions ous eussiez s eussent.	aimé.	fini.	reçu.	rompu.	Se forme de l'imparfait du subjonctif de l'auxiliaire et du participe passé du verbe que l'on conjugue.

INFINITIF.

PASSÉ.

voir :	aimé.	fini.	reçu.	rompu.	Se forme du présent de l'infinitif et du participe passé défini du verbe que l'on conjugue.

PARTICIPES.

PASSÉ INDÉFINI.

yant :	aimé.	fini.	reçu.	rompu.	Se forme du participe de l'auxiliaire et du participe passé défini du verbe que l'on conjugue.
»	»	»	»	»	

per, conter, débourrer, dégriser, écharper, etc.
iguir, obscurcir, ravir, rôtir, roussir, salir, etc.
irvoir, pouvoir, valoir, savoir, vouloir, etc.
, vivre, rire, dire, réduire, plaire, etc.

2.

QUATORZIÈME SÉANCE.

Conjugaison d'un verbe interrogatif et du verbe pronominal s'emparer.

Pour conjuguer interrogativement il faut mettre le pronom après le verbe, en l'y joignant par un trait-d'union : *Irai-je? donnerai-je?* Lorsque le temps est composé, on met le pronom après l'auxiliaire : *Auras-tu consenti?*

Lorsque la personne est terminée par un *e* muet, cet *e* muet se change en *é* fermé devant le pronom *je* : *Aimé-je, eussé-je aimé, puissé-je, dussé-je.* L'infinitif ne se conjuge pas interrogativement.

VERBE CONJUGUÉ INTERROGATIVEMENT.

Indicatif présent.

Aimé-je ?
Aimes-tu ?
Aime-t-il ?
Aimons-nous ?
Aimez-vous ?
Aiment-ils ?

Passé antérieur.

Eus-je aimé ?
Eus-tu aimé ?
Eut-il aimé ?
Eûmes-nous aimé ?
Eûtes-vous aimé ?
Eurent-ils aimé ?

Imparfait.

Aimais-je ?
Aimais-tu ?
Aimai-t-il ?
Aimions-nous ?
Aimiez-vous ?
Aimaient-ils.

Plus-que-parfait.

Avais-je aimé ?
Avais-tu aimé ?
Avait-il aimé ?
Avions-nous aimé ?
Aviez-vous aimé ?
Avaient-ils aimé ?

Passé défini.

Aimai-je ?
Aimas-tu ?
Aima-t-il ?
Aimâmes-nous ?
Aimâtes-vous ?
Aimèrent-ils ?

Futur absolu.

Aimerai-je ?
Aimeras-tu ?
Aimera-t-il ?
Aimerons-nous ?
Aimerez-vous ?
Aimeront-ils ?

Passé indéfini.

Ai-je aimé ?
As-tu aimé ?
A-t-il aimé ?
Avons-nous aimé ?
Avez-vous aimé ?
Ont-ils aimé ?

Futur antérieur

Aurai-je aimé ?
Auras-tu aimé ?
Aura-t-il aimé ?
Aurons-nous aimé ?
Aurez-vous aimé ?
Auront-ils aimé ?

Conditionnel présent.

Aimerais-je ?
Aimerais-tu ?
Aimerait-il ?
Aimerions-nous ?
Aimeriez-vous ?
Aimeraient-ils ?

Premier conditionnel passé.

Aurais-je aimé ?
Aurais-tu aimé ?

Aurait-il aimé ?
Aurions-nous aimé ?
Auriez-vous aimé ?
Auraient-ils aimé ?

Deuxième conditionnel passé.

Eussé-je aimé ?
Eusses-tu aimé ?
Eût-il aimé ?
Eussions-nous aimé ?
Eussiez-vous aimé ?
Eussent-ils aimé ?

CONJUGAISON DES VERBES PRONOMINAUX.

Les verbes pronominaux se conjugent dans leurs temps simples, comme les verbes de la conjugaison à laquelle ils appartiennent ; dans leurs temps composés, ils prennent tous l'auxiliaire *être.*

Indicatif présent.

Je m'empare.
Tu t'empares.
Il s'empare.
Nous nous emparons.
Vous vous emparez.
Ils s'emparent.

Imparfait.

Je m'emparais.
Tu t'emparais.
Il s'emparait.
Nous nous emparions.
Vous vous empariez.
Ils s'emparaient.

Passé défini.

Je m'emparai.
Tu t'emparas.
Il s'empara.
Nous nous emparâmes.
Vous vous emparâtes.
Ils s'emparèrent.

Passé indéfini.

Je me suis emparé.
Tu t'es emparé.
Il s'est emparé.
Nous nous sommes emparés.
Vous vous êtes emparés.
Ils se sont emparés.

Passé antérieur.

Je me fus emparé.
Tu te fus emparé.
Il se fut emparé.
Nous nous fûmes emparés.
Vous vous fûtes emparés.
Ils se furent emparés.

Plus-que-parfait.

Je m'étais emparé.
Tu t'étais emparé.
Il s'était emparé.
Nous nous étions emparés.
Vous vous étiez emparés.
Ils s'étaient emparés.

Futur.

Je m'emparerai.
Tu t'empareras.
Il s'emparera.
Nous nous emparerons.
Vous vous emparerez.
Ils s'empareront.

Futur antérieur.

Je me serai emparé.
Tu te seras emparé.
Il se sera emparé.
Nous nous serons emparés.
Vous vous serez emparés.
Ils se seront emparés.

Conditionnel présent.

Je m'emparerais.
Tu t'emparerais.
Il s'emparerait.
Nous nous emparerions.
Vous vous empareriez.
Ils s'empareraient.

Conditionnel passé.

Je me serais emparé.
Tu te serais emparé.
Il se serait emparé.
Nous nous serions emparés.
Vous vous seriez emparés.
Ils se seraient emparés.

Impératif.

Empare-toi.
Emparons-nous.
Emparez-vous.

Subjonctif présent.

Que je m'empare.
Que tu t'empares.
Qu'il s'empare.
Que nous nous emparions.
Que vous vous empariez.
Qu'ils s'emparent.

Imparfait.

Que je m'emparasse.

Que tu t'emparasses.
Qu'il s'emparât.
Que nous nous emparassions.
Que vous vous emparassiez.
Qu'ils s'emparassent.

Passé.

Que je me sois emparé.
Que tu te sois emparé.
Qu'il se soit emparé.
Que nous nous soyons emparés.
Que vous vous soyez emparés.
Qu'ils se soient emparés.

Plus-que-parfait.

Que je me fusse emparé.
Que tu te fusses emparé.
Qu'il se fût emparé.
Que nous nous fussions emparés.
Que vous vous fussiez emparés.
Qu'ils se fussent emparés.

Infinitif présent.

S'emparer.

Passé.

S'être emparé.

Participe présent.

S'emparant.

Participe passé indéfini.

S'étant emparé.

QUINZIÈME SÉANCE.

Conjugaison d'un verbe neutre avec l'auxiliaire *être* et d'un verbe impersonnel.

Dans les temps simples, ces verbes se conjuguent comme les verbes actifs selon la conjugaison à laquelle ils appartiennent. Dans les temps composés ils prennent *être* lorsqu'ils remplacent les temps de l'auxiliaire *avoir* par les temps correspondant de l'auxiliaire *être* : J'ai, j'avais, j'aurai, qui se remplacent par : je *suis*, j'*étais*, je *serai*.

VERBE PARTIR.

Indicatif présent.

Je pars.
Tu pars.
Il part.
Nous partons.
Vous partez.
Ils partent.

Imparfait.

Je partais.
Tu partais.
Il partait.
Nous partions.
Vous partiez.
Ils partaient.

Passé défini.

Je partis.
Tu partis.
Il partit.
Nous partîmes.
Vous partîtes.
Ils partirent.

Passé indéfini.

Je suis parti.
Tu es parti.
Il est parti.
Nous sommes partis.
Vous êtes partis.
Ils sont partis.

Passé antérieur.

Je fus parti.
Tu fus parti.
Il fut parti.
Nous fûmes partis.
Vous fûtes partis.
Ils furent partis.

Plus-que-parfait.

J'étais parti.
Tu étais parti.
Il était parti.
Nous étions partis.
Vous étiez partis.
Ils étaient partis.

Futur

Je partirai.
Tu partiras.

Il partira.
Nous partirons.
Vous partirez.
Ils partiront.

Futur antérieur.

Je serai parti.
Tu seras parti.
Il sera parti.
Nous serons partis.
Vous serez partis.
Ils seront partis.

Conditionnel présent.

Je partirais.
Tu partirais.
Il partirait.
Nous partirions.
Vous partiriez.
Ils partiraient.

Premier conditionnel passé.

Je serais parti.
Tu serais parti.
Il serait parti.
Nous serions partis.
Vous seriez partis.
Ils seraient partis

Deuxième conditionnel passé.

Je fusse parti.
Tu fusses parti.
Il fût parti.
Nous fussions partis.
Vous fussiez partis.
Ils fussent partis.

Impératif.

Pars.
Partons.
Partez.

Subjonctif présent.

Que je parte.
Que tu partes.
Qu'il parte.
Que nous partions.
Que vous partiez.
Qu'ils partent.

Imparfait.

Que je partisse.
Que tu partisses.
Qu'il partît.
Que nous partissions.
Que vous partissiez.
Qu'ils partissent.

Passé.

Que je sois parti.
Que tu sois parti.
Qu'il soit parti.
Que nous soyons partis.
Que vous soyez partis.
Qu'ils soient partis.

Plus-que-parfait.

Que je fusse parti.
Que tu fusses parti.
Qu'il fût parti.
Que nous fussions partis.
Que vous fussiez partis.
Qu'ils fussent partis.

Infinitif présent.

Partir.

Participe passé.

Être parti.

Participe présent.

Partant.

Passé.

Parti, tie.

CONJUGAISONS DES VERBES IMPERSONNELS.

Les verbes *impersonnels* n'ont pas de conjugaisons qui leur soient particulières; ils se conjuguent selon les inflexions qu'exige la forme de la conjugaison à laquelle ils appartiennent régulièrement. La seule chose qui les distingue, c'est qu'ils n'ont pas tous les temps et qu'ils ne se conjuguent qu'à la troisième personne du singulier.

Indicatif présent. — Il neige. Il pleut. Il faut.
Imparfait. — Il neigeait. Il pleuvait. Il fallait.
Passé défini. — Il neigea. Il plut. Il fallut.
Passé indéfini. — Il a neigé. Il a plu. Il a fallu.
Passé antérieur. — Il eut neigé. Il eut plu. Il eut fallu.
Plus-que-parfait. — Il avait neigé. Il avait plu. Il avait fallu.
Futur présent. — Il neigera. Il pleuvra. Il faudra.
Futur antérieur. — Il aura neigé. Il aura plu. Il aura fallu.
Conditionnel présent. — Il neigerait. Il pleuvrait. Il faudrait.
Conditionnel passé. — Il aurait neigé. Il aurait plu. Il aurait fallu
(*Point d'Impératif.*)
Subjonctif présent. — Qu'il neige. Qu'il pleuve. Qu'il faille.
Imparfait. — Qu'il neigeât. Qu'il plût. Qu'il fallût.
Passé. — Qu'il ait neigé. Qu'il ait plu. Qu'il ait fallu.
Plus-que-parfait. — Qu'il eût neigé. Qu'il eût plu. Qu'il eût fallu.

Infinitif présent. — Neiger. Pleuvoir. Falloir.
Passé. — Avoir neigé. Avoir plu. Avoir fallu.
Participe présent. — Neigeant. Pleuvant. (*Inusité.*)
Participe passé. — Neigé. Plu. Fallu.

Le participé de *falloir* reste toujours invariable : les corbeilles qu'il nous a *fallu* pour leurs noces.

SEIZIÈME SÉANCE.

Du participe. — Du participe présent et de l'adjectif verbal.
—Du participe passé.—Règle d'accord de participe employé sans auxiliaire.

PARTICIPE PRÉSENT.

Les temps dont nous allons nous occuper participent de la nature du verbe, en ce qu'ils en ont la signification et le régime, et de celle de l'adjectif, en ce qu'ils expriment, comme l'adjectif, la qualité ou la manière d'être du substantif, et qu'alors ils suivent les règles d'accord posées pour cette partie du discours. C'est pour cette raison qu'on les a appelés *participes*.

Le *participe présent* est toujours invariable et se termine par *ant ;* mais dans certains cas il peut être confondu avec l'adjectif verbal, comme lui terminé en *ant*, et qui s'accorde en genre et en nombre avec le nom auquel il se rapporte. Toute la théorie du participe présent consiste donc à savoir distinguer les cas où le qualificatif en *ant* est participe ou adjectif.

PARTICIPE PRÉSENT.

Le participe présent exprime, comme le verbe, une action faite par le mot qu'il modifie, comme : *allant, pensant,* etc.

ADJECTIF VERBAL.

L'adjectif verbal exprime un état ou une disposition à agir plutôt qu'une action ; si l'idée d'action s'y trouve, c'est une action qui, par sa continuité, se transforme en manière d'être. Ex. : *Bertrand, Drouot et Cambrone, restèrent à leur poste, s'attachant plus étroitement au héros dont ils voulaient partager l'infortune. Voilà une histoire très-attachante.* Dans le premier exemple, *attachant* marque l'action, il est participe présent; dans le deuxième, *attachant* marque l'état, il est adjectif verbal.

On reconnaît généralement que le qualificatif en *ant* est participe et par conséquent invariable : 1° quand il a un régime direct ; 2° lorsqu'il exprime le motif ou le moment de l'action ; on peut alors lui substituer un temps du verbe précédé d'une des conjonctions *comme, puisque, parce que ;* 3° lorsqu'on peut le faire précéder de la préposition *en.* Ex. : *J'ai connu des enfants, intéressant leurs maîtres, tremblant de leur déplaire et pleurant au moindre reproche. La mer mugissant ressemblait à une personne qui, ayant été longtemps irritée, n'a plus qu'un reste de trouble et d'émotion.*

Nota. Les participes *ayant, étant,* ne peuvent jamais devenir adjectifs verbaux.

Certains participes présents ont pour correspondants des adjectifs dont l'orthographe est différente et avec lesquels il faut bien prendre garde de les confondre. Tels sont :

Participes : Extravaguant, fabriquant, vaquant, affluant, différant.

Adjectifs : Extravagant, fabricant, vacant, affluent, différent.

Participes : Précédant, violant, fatiguant, négligeant, etc.

Adjectifs : Précédent, violent, fatigant, négligent, etc.

L'exposé des règles sur le participe présent est fort simple, comme on le voit; mais l'application présente de nombreuses difficultés qui ne sauraient être surmontées qu'en se pénétrant bien du sens de la phrase.

Exercices.

Nº 1. — On ne voyait de tous côtés que des femmes tremblant, des bœufs mugissant, des brebis bêlant, qui couraient en foule vers la ville, en quittant les gras pâturages où ils avaient été laissés bondissant. En éclatant, les bombes donnent la mort et causent des incendies.

> J'entends des cris de guerre au milieu des naufrages,
> Et les sons de l'airain se mêlant aux orages.

Une victoire en amène d'autres : 1º en donnant aux troupes plus de confiance en elles; 2º en consternant les vaincus, et 3º en procurant aux vainqueurs de nouveaux alliés. Toutes les puissances ont des ambassadeurs étrangers résidant chez elles. Cet officier que vous avez vu intriguant pour que son jeune frère obtînt de l'avancement, n'est cependant pas un intrigant. Tout soldat négligeant ses devoirs doit être puni comme négligent. Le colonel, présidant aujourd'hui le conseil de guerre, n'est que président par intérim. Autant il y a d'hommes dans une compagnie, autant il y a de caractères différant entre eux par quelques points, sans être toutefois totalement différents. En violant la discipline, on ne commet pas toujours un acte violent. N'imitez pas, mon ami, ceux qu'on désigne sous le nom de loustics : ce sont des hommes qui ne parlent qu'en extravaguant; vous vous exposeriez à passer pour un extravagant. C'est en fatiguant le soldat par des exercices fatigants qu'on le rend infatigable.

N° 2. — Le six novembre mil huit cent douze, le ciel se déclara tout à fait contre nous. L'armée était enveloppée d'une vapeur froide qui, s'épaississant, tomba sur nous en gros flocons de neige. Les généraux et les soldats étaient pêle-mêle, marchant sans savoir où ils allaient et n'apercevant aucun but. Les tourbillons de neige comblant toutes les cavités cachaient des abîmes qui, s'ouvrant perfidement sous les pas de nos soldats, les engloutissaient, quelle que fût encore leur ardeur. L'hiver le plus rigoureux nous attaque enfin de toutes parts ; le froid pénètre les uniformes trop légers de nos soldats grelottants. Un vent violent leur cause des douleurs aiguës en leur coupant la respiration. Leur souffle s'attachant à la barbe forme de petits glaçons pendant autour de leur bouche. Les malheureux se traînent ainsi jusqu'à ce qu'ils trébuchent dans une branche d'arbre et qu'ils tombent. Quoi qu'ils fassent alors, ils ne peuvent plus se relever ; le froid les a aussitôt engourdis, et ils sont bientôt ensevelis mourant sous la neige.

N° 3. — L'embrasement, poursuivant ses ravages, eut bientôt atteint les plus beaux quartiers de la ville. Tous ces palais que nous avions admirés pour l'élégance de leur architecture furent consumés en un instant. Leurs superbes frontons, décorés de bas-reliefs et de statues, venant à manquer de supports, tombaient avec fracas ainsi que ces dômes superbes que nous avions vus la veille tout resplendissant d'or et d'argent. Consternés par ces calamités, nous espérions que les ombres de la nuit survenant voileraient à nos yeux cet effrayant tableau ; mais elles rendirent l'incendie plus terrible, en faisant ressortir davantage la violence des flammes qui s'élevaient jusqu'au ciel. Le feu était au Kremlin ; Napoléon, maître de ce palais, s'opiniâtrant à ne pas céder sa conquête même à l'incendie, se montra sourd à nos sollicitations et ne se décida à fuir qu'après avoir jugé du danger par lui-même. Toutes les portes étaient bloquées par un océan de flammes, et ce ne fut qu'après bien des tâtonnements qu'on découvrit une issue à travers les rochers, par une poterne donnant sur la Moskowa. Ce fut par cet étroit passage que l'Empereur, ses officiers et la garde sortirent du palais pour traverser la ville. Une seule rue étroite, tortueuse, brûlant, s'offrait plutôt comme l'entrée que comme la sortie de cet enfer. Napoléon, s'élançant le premier dans ce dangereux passage, s'avance au travers du brasier, au bruit du craquement des voûtes, de la chute des poutres et des toits brûlant qui croulaient autour de lui. Ces débris embarrassant ses pas, ces flammes dévorant les édifices entre lesquels il marchait, en dépassaient le faîte. Nous marchions sur une terre de feu, sous un ciel de feu, entre deux murailles de feu. Un air dévorant, des cendres étincelant, embrasaient notre respiration haletant et déjà suffoquée par la fumée.

DIX-SEPTIÈME SÉANCE.

Préposition, adverbe, conjonction et interjection. — Leurs fonctions dans le discours.

MOTS INVARIABLES.

L'étude des mots invariables n'est pas indispensable pour la connaissance de l'orthographe, puisqu'ils ne sont susceptibles d'aucune modification ; mais il importe d'en connaître l'usage, soit pour donner aux phrases une construction régulière, soit pour corriger certaines locutions vicieuses trop répandues.

DE LA PRÉPOSITION.

La préposition unit deux idées et en marque le rapport. Lorsqu'on dit : *Je suis à la campagne, je viens de la campagne,* les mots *à, de,* expriment le rapport des verbes *être* et *venir* avec le substantif *campagne.* Les mots *à, de,* sont des prépositions.

La préposition demande après elle un complément, attendu qu'elle ne saurait par elle-même former un sens complet. Dans les exemples qui précèdent, le mot *campagne* est le complément des prépositions *à, de.*

La préposition s'exprime tantôt par un seul mot, comme : *à, de, pour, avec,* etc., tantôt par plusieurs mots formant une locution prépositive, comme : *à cause de, à l'insu de, au travers de,* etc.

A, De.

A exprime une idée de tour : *Je viens de jouer, c'est à vous. De* exprime une idée de droit, ou de comparaison : *C'est à nous de nous bien conduire. Qui l'emporte des anciens ou des modernes ?*

Durant, Pendant.

Durant exprime un temps qui s'applique en entier à la chose dont on parle : *On s'est battu douze heures durant.* C'est la seule préposition qu'il soit permis quelquefois de placer après son complément. *Pendant* signifie qu'une partie seulement de la durée s'applique à l'objet dont on parle. *Pendant l'orage.*

Entre, Parmi.

Entre s'emploie quand il n'est question que de deux êtres ou de deux objets. Ex. : *Elle tient son fils entre ses bras. Mettez-vous entre nous deux. Parmi* se dit d'un plus grand nombre, et demande pour complément un substantif pluriel ou un collectif. Ex. : *Parmi les sous-officiers, parmi la foule.* Il y a des cas où ces deux prépositions s'emploient indifféremment l'une pour l'autre, devant un régime pluriel : *La haine entre les grands n'est pas chose si rare.*

Vis-à-vis.

Quand cette préposition signifie *en face,* elle se construit avec ou sans la préposition *de : vis-à-vis l'église* ou *de l'église.* Quand elle signifie *envers, à l'égard de,* elle veut être suivie de la préposition *de : vis-à-vis de l'État.*

A travers, Au travers.

A travers est toujours suivi d'un substantif ou d'un pronom : *nous n'apercevons la vérité qu'à travers le voile de nos passions. Au travers* exige la préposition *de : Nous passâmes au travers des ennemis, des écueils. Au travers* s'emploie plus ordinairement quand il y a un obstacle à vaincre. Quelquefois ils s'emploient indifféremment.

Près de, Prêt à.

Près de signifie (pas loin, sur le point de) : *On ne connaît l'importance d'une action que quand on est près de l'exécuter. Prêt à* signifie (disposé à) : *Nous sommes prêts au combat.*

L'ignorance est toujours prête à s'admirer.

Auprès de.

Auprès de exprime également une idée de proximité et d'assiduité : *Il a repris ses fonctions auprès de l'Empereur.*

En campagne, A la campagne.

La première locution exprime une idée de voyage :

Nos troupes vont entrer en campagne.; ce négociant est en campagne. A la campagne veut dire (hors de la ville): Nous irons dimanche à la campagne; mes parents demeurent à la campagne.

Sur tout, Surtout.

Sur tout, en deux mots, signifie sur toutes choses : *Il est prêt à parler sur tout. Surtout*, en un mot, signifie principalement :

Surtout qu'en vos écrits la langue révérée
Dans les plus grands excès vous soit toujours sacrée.

DE L'ADVERBE.

Bien que le nom de cette espèce de mots indique qu'il se place auprès du verbe, il s'ajoute néanmoins, pour les modifier, à toutes les autres parties du discours exprimant une qualité, une manière d'être (substantif, adjectif, verbe et adverbe).

L'adverbe équivaut à une préposition suivie de son régime : *Se défendre courageusement* (c'est-à-dire avec courage). Il exprime les diverses circonstances de temps, de lieu, d'ordre, de manière, de quantité, d'affirmation, de négation, d'interrogation et de comparaison.

A l'entour, Autour.

A l'entour est un adverbe et ne comporte pas de régime :

Les plaisirs nonchalants folâtrent à l'entour.

Autour est une préposition et demande un régime : *La terre tourne autour du soleil.* Il en est de même de *auparavant, dessus, dessous, dedans, dehors*, comparés avec les prépositions *avant, sur, sous, dans, hors.*

Tout à coup, tout d'un coup.

Tout à coup signifie soudainement. Ex. : *Nous fondîmes sur l'ennemi tout à coup.*

Tout d'un coup veut dire : *en même temps, d'un seul coup. Cet homme a gagné mille écus tout d'un coup.*

Tout de suite.

Tout de suite (sur-le-champ, sans délai). *Vous viendrez tout de suite. De suite* renferme une idée de continuité : *Pygmalion ne couchait jamais deux nuits de suite dans la même chambre.* Ces deux expressions s'emploient souvent l'une pour l'autre.

Plus tôt, Plutôt.

Le premier, écrit en deux mots, exprime une idée de temps ; c'est l'opposé de plus tard : *Il est arrivé plus tôt que vous. Plutôt*, en un mot, renferme une idée de préférence : *Prenez plutôt celui-là.*

Si, Aussi.

Aussi, si, expriment tous deux un comparatif d'égalité ; le premier s'emploie dans les phrases affirmatives : *Il est aussi instruit que les autres. Si* s'emploie dans les phrases négatives : *Il n'est pas même si grand que vous ;* et dans les phrases affirmatives, avec le sens de *tellement* : *La sobriété et l'exercice sont si nécessaires à la santé.*

Plus, Davantage.

L'un et l'autre expriment un comparatif de supériorité ; ils diffèrent en ce que *plus* veut être suivi de *que* et du second terme de la comparaison. *Il est plus honteux de perdre ses conquêtes qu'il n'a été glorieux de les avoir faites. Davantage* ne demande pas de complément : *Il est riche d'argent, son frère l'est davantage.* Il n'est pas rare cependant de trouver *davantage* suivi du second terme de la comparaison. Ex. : *Il n'y a rien qui chatouille davantage que les applaudissements* (MOLIÈRE) ; mais il faut considérer ces locutions comme des négligences de style.

Ne, non.

Ne accompagne toujours un verbe : *Je ne sais. Non* renferme toute la proposition de la demande : *Êtes-vous content? Non,* c'est-à-dire, je ne suis pas content.

Pas, Point.

Ces deux mots ne sont, à vrai dire, que les compléments des négations qui précèdent ; le second est plus énergique que le premier : *Il n'a pas assez d'esprit pour se tirer d'un tel embarras. Il n'a point d'esprit.* Dans le premier exemple, on sent que la personne dont on parle n'est pas aussi complétement dénuée d'esprit que dans le second.

On supprime généralement *pas* et *point :*

1° Lorsqu'un verbe a plusieurs compléments liés par la conjonction *ni : Il ne craint ni les reproches ni les punitions.*

2° Quand il y a dans la phrase une des expressions négatives suivantes : *Nul, aucun, personne, rien, jamais,* etc. Ex. : *Personne n'aime à recevoir des conseils.*

3° Avec les verbes *pouvoir, oser, cesser,* suivis d'un infinitif. Ex. : *Je ne puis souffrir qu'un de leurs vaisseaux fasse naufrage.*

4° Quand *ne* est suivi de *que.* Ex. : *La difficulté n'est vaincue que par le travail.*

Ne.

On exprime la négation *ne* dans le second membre de phrase : 1° après les verbes *craindre, appréhender, avoir peur,* quand la proposition principale est affirmative : *On appréhende qu'elle n'ait le sort de son frère.*

2° Après *douter, nier, contester, disconvenir,* etc., quand la proposition principale est négative. Ex. : *Je ne doute pas, je ne nie pas qu'il n'y ait un Dieu.*

On supprimerait la négation dans la proposition subordonnée (qui dépend de la proposition principale), si la principale était négative dans le premier cas, et affirmative dans le second. Ex. : *Je ne crains pas qu'il m'attaque, je doute qu'il y ait un meilleur enfant.*

Après *défendre* et les conjonctions *avant que, sans que*, on n'emploie pas la négation : *Défendez qu'il y touche; je le lui ai dit sans qu'il se fâchât.* Mais on doit se servir de la négation après *prendre garde, éviter,* et les conjonctions *à moins que, de peur que*, etc. *Prenez garde qu'il ne vous blesse; évitez qu'on ne vous voie.*

CONJONCTION

La conjonction sert à lier entre elles les différentes parties d'une phrase.

Et, ni.

Et ne se met qu'après une proposition affirmative, *ni*, qu'après une proposition négative ; *et* exprime une idée d'addition, *ni*, une idée d'énumération. Ex. : *L'ambition et l'avarice causent bien des maux. Ni l'or ni la grandeur ne nous rendent heureux.* Les mots unis par ces conjonctions doivent être de même nature et remplir la même fonction dans la phrase. On les répète quand on veut amplifier une idée :

Et le riche et le pauvre, et le faible et le fort,
Vont tous également des douleurs à la mort.

Parce que, Par ce que.

Parce que, en deux mots, signifie à cause que, attendu que : *Je le veux, parce que cela est juste. Par ce que*, en trois mots, signifie par la chose que : *Par ce qu'il dit, on peut juger qu'il a tort.*

3

Quand, Quant à.

Il existe une si grande différence entre ces deux particules, qu'il devient impossible de les confondre. Nous dirons cependant que, écrit avec un *d*, *quand* signifie *lorsque*. *Il faut travailler quand on est jeune.* Écrit avec un *t*, il signifie *relativement à, pour ce qui est de*, et veut toujours après lui la préposition *à* : *Quant à moi, je n'y puis rien.*

Au reste, Du reste.

Ces deux expressions ne sont pas synonymes : la première s'emploie quand on ajoute quelque chose ayant du rapport à ce qu'on a dit auparavant; la seconde, quand ce qui suit n'a pas de rapport avec ce qui précède. Ex. : *Je crois que vous ferez bien d'attendre; au reste, vous êtes libres d'agir comme vous l'entendrez. Cet homme est bizarre, emporté, du reste brave, intrépide.*

INTERJECTION.

L'interjection est un mot qui sert à exprimer les sensations vives et subites de l'âme, la joie, la douleur, l'effroi, l'étonnement, etc. Elle renferme en elle-même toute une proposition. *Holà!* veut dire : arrêtez là.

O s'emploie pour exprimer l'admiration, mais il sert surtout dans les invocations, c'est-à-dire quand on s'adresse à quelqu'un ou à quelque objet que l'on personnifie. Ex. : *O Richard! ô mon Roi!*

Ha! Hé! Ho! Ah! Eh! Oh!

Les trois premières interjections s'emploient quand on veut rendre un sentiment de peu de durée : *Ho! prenez garde;* les trois autres expriment des sensations plus prolongées. Ex. :

> *Ah! pleure, fille infortunée!*
> *Ta jeunesse va se flétrir.*

DIX-HUITIÈME SÉANCE.

Construction d'une phrase grammaticale. — Proposition. —
Parties constitutives. — Modèle d'analyse.

CONSTRUCTION DES PHRASES.

PHRASE.

Tout arrangement de mots formant un sens complet
s'appelle *phrase*. Une phrase peut renfermer une ou
plusieurs propositions; le nombre en est égal à celui
des verbes exprimés ou sous-entendus, qui sont à l'un
des quatre modes personnels (indicatif, conditionnel,
impératif et subjonctif). Ainsi, quand je dis : *Dieu est
juste*, cet arrangement de mots forme une phrase,
parce que le sens est complet, et cette phrase ne renferme qu'une proposition, parce qu'il n'y a qu'un verbe
à un mode personnel. Mais, si je dis : *Je crois que l'enfant qui honore ses parents sera aimé de Dieu*, je forme
également une phrase, puisque le sens est complet ;
elle renferme trois propositions, parce qu'on y compte
trois verbes à un mode personnel : *Je crois, qui honore,
sera.*

PROPOSITION.

Quand on examine par la pensée si telle qualité ou
manière d'être convient à un substantif, on forme un
jugement, et l'expression de ce jugement s'appelle *proposition ;* comme quand je dis : *Dieu est juste*, je juge que
la qualité de *juste* convient à *Dieu.*

On voit par cet exemple qu'une proposition se compose de trois parties essentielles : le sujet *Dieu*, le verbe *est*, et l'attribut *juste*.

SUJET.

Le sujet est l'objet du jugement et s'exprime ordinairement par un substantif, un pronom, ou un infinitif, quelquefois par un membre de phrase, par un adjectif ou par un adverbe pris substantivement. Ex. : *L'homme est sujet à la mort, il y passera un jour. Mentir est un vice d'éducation. L'utile doit être préféré à l'agréable. Ce peu suffira.*

VERBE.

Le verbe sert à marquer que l'attribut existe dans le sujet. C'est toujours le verbe être, soit qu'il apparaisse dans sa forme simple, comme dans : *La journée fut chaude,* soit qu'il résulte de la décomposition d'un verbe attributif, comme : *J'écris, tu marcheras,* que l'on peut décomposer en : *Je suis écrivant, tu seras marchant.*

ATTRIBUT.

L'attribut est la qualité, la manière d'être du sujet; il est exprimé par un adjectif, un participe et quelquefois par un nom, un pronom ou un infinitif pris adjectivement.

Le sujet et l'attribut sont simples ou composés, complexes ou incomplexes. Ils sont *simples* quand ils sont exprimés par un seul substantif ou par un seul adjectif: *Le soleil est brillant.* Ils sont *composés* quand le sujet est exprimé par plusieurs substantifs et l'attribut par plusieurs adjectifs : *Le général et les officiers supérieurs ap-*

pelés au conseil délibérèrent et furent d'avis de marcher sans retard.

COMPLÉMENT.

Tous les mots qui se rattachent au sujet ou à l'attribut, pour en compléter le sens, sont des compléments. Quand le sujet et l'attribut n'ont pas de *compléments*, ils sont incomplexes, et complexes quand ils en ont.

On distingue deux sortes de propositions : la proposition principale et la proposition incidente.

PROPOSITIONS PRINCIPALES.

La proposition principale est celle qui renferme l'idée principale de la phrase ; elle pourrait généralement exister sans le secours d'aucune autre proposition. Ex. : *Le ministre, qui s'est fait rendre compte, connaît parfaitement cette affaire.* Le ministre connaît parfaitement cette affaire, proposition principale, puisqu'elle renferme l'idée principale. Qui s'est fait rendre compte, proposition incidente, puisqu'elle tombe sur le sujet de la proposition principale pour en compléter le sens.

La même phrase peut contenir plusieurs propositions principales ; alors la première de toutes se nomme principale absolue, et les autres principales relatives. Ex. : *Les anciens vivaient de viandes solides et grasses, le lait et le miel passaient pour des mets recherchés ; aucun des ragoûts si vantés de nos jours ne leur était connu.*

PROPOSITION INCIDENTE.

Quand la proposition incidente spécifie des objets de manière à les faire distinguer des objets de même nature, elle est déterminative. Si elle développe seulement quelque circonstance accidentelle, c'est une proposition incidente explicative. Ex. : *Les choses que nous reconnaissons comme les plus utiles ne sont pas toujours celles que nous estimons le plus.* Les choses ne sont pas toujours celles, proposition principale absolue, mais qui n'aurait aucun sens sans les incidentes qui complètent le sujet et l'attribut. Donc : que nous reconnaissons pour les plus utiles et que nous estimons le plus sont des propositions incidentes déterminatives.

Cette déclaration (serment du jeu de paume), *qui ouvrait la révolution, jeta la terreur à la cour.* Proposition principale, *cette déclaration jeta la terreur à la cour.* Proposition incidente explicative, *qui ouvrait la révolution,* parce qu'elle explique seulement une circonstance.

On dit que la proposition est *pleine* quand toutes ses parties sont exprimées ; *elliptique,* quand une ou plusieurs parties essentielles sont sous-entendues : *Portez arme* (sous-entendu vous). *Que faites-vous?* Rien (sous-tendu je ne fais). *Redondante,* quand elle renferme un mot qui fait double emploi avec le sujet ou l'attribut : *Moi! j'irais lui demander quelque chose!*

Toutes les interjections sont autant de propositions dont toutes les parties sont sous-entendues. Sous cette forme, on leur donne le nom de proposition *implicite.* *Hélas!* veut dire : Combien je souffre !

Savoir distinguer les différentes sortes de propositions d'une phrase et leurs parties logiques, c'est savoir faire l'analyse logique ; l'analyse grammaticale entraîne l'analyse de chaque mot, avec mention de la fonction qu'il remplit dans la phrase.

TEXTE.	MODÈLES D'ANALYSE	
	GRAMMATICALE.	LOGIQUE.
César	Substantif propre, masc., sing., sujet de rangea.	Cette phrase renferme deux propositions ayant
rangea	Verbe actif à la 3e pers. sing. du passé défini, temps primitif, 1re conjugaison, je range, je rangeai, ranger, rangeant, rangé.	deux verbes à un mode personnel :
ses	Adjectif possessif, fém., plur., détermine troupes.	La première : *César rangea ses troupes sur une seule ligne à cause de leur*
troupes	Substantif plur., fém., régime direct de rangea.	*petit nombre,* principale absolue.
comme	Conjonction, unit les deux propositions de la phrase.	
il	Pronom personnel, 3e pers. sing., masc., sujet de put.	*César,* sujet simple et incomplexe; *fut,* verbe; *rangeant,* attribut simple
put	Verbe actif pris neutralement, 3e pers. sing. du passé défini, temps primitif, 3e conjugaison, je peux, je pus, pouvoir, pouvant, pu.	et complexe à cause de ses compléments direct *ses troupes,* et indirect *sur une seule ligne,* etc.
sur	Proposition; exprime le rapport entre le verbe rangea et le substantif ligne.	La seconde : *comme il*
une	Adjectif numéral cardinal, fém., sing., détermine ligne.	put, incidente explicative :
seule	Adjectif qualificatif, fém., sing., qualifie ligne.	*il,* sujet simple et incomplexe; *fut,* verbe ;
ligne	Substantif commun, fém., sing., régime indirect de rangea.	*pouvant,* attribut; simple et incomplexe, n'ayant pas
à cause de	Locution prépositive, marque le rapport entre : *rangea sur une seule ligne* et un *petit nombre.*	de complément.
leur	Adjectif possessif, masc., sing., détermine nombre.	
petit	Adjectif qualificatif, masc., sing., qualifie nombre.	
nombre.	Substantif commun, masc., sing., régime indirect de rangea.	

Exercices.

N° 1. — *Proclamation à l'armée d'Italie.* — Soldats ! Vous vous êtes précipités comme un torrent du haut de l'Apennin ; vous avez dispersé, culbuté tout ce qui s'opposait à votre marche.

Le Piémont, délivré de la tyrannie autrichienne, s'est livré à ses sentiments naturels de paix et d'amitié pour la France.

Milan est à nous, et le pavillon républicain flotte dans toute la Lombardie.

Les ducs de Parme et de Modène ne doivent leur existence politique qu'à votre générosité.

L'armée qui vous menaçait avec tant d'orgueil ne trouve plus de barrière qui la rassure contre votre courage. Le Pô, le Tésin, l'Adda, n'ont pu vous arrêter un seul jour ; ces boulevards si vantés de l'Italie ont été insuffisants, vous les avez franchis aussi rapidement que l'Apennin.

Tant de succès ont porté la joie dans le sein de la patrie ; vos représentants ont ordonné qu'une fête dédiée à vos victoires fût célébrée dans toutes les communes de la République. La, vos pères, vos mères, vos épouses, vos sœurs, vos amantes, se réjouissent de vos succès, et se vantent avec orgueil de vous appartenir.

N° 2. — Oui, soldats, vous avez beaucoup fait, mais ne vous reste-t-il rien à faire ? Dira-t-on de nous que nous avons su vaincre, mais que nous n'avons pas su profiter de la victoire ? La postérité nous reprochera-t-elle d'avoir trouvé Capoue dans la Lombardie ? Mais je vous vois déjà courir aux armes ; un lâche repos vous fatigue ; les journées perdues pour la gloire le sont pour votre bonheur. Eh bien! partons : nous avons encore des marches forcées à faire, des ennemis à soumettre, des lauriers à cueillir, des injures à venger. Que ceux qui ont aiguisé les poignards de la guerre civile en France, qui ont lâchement assassiné nos ministres, incendié nos vaisseaux à Toulon, tremblent : l'heure de la vengeance a sonné.

Mais que les peuples soient sans inquiétude ; nous sommes amis de tous les peuples, et plus particulièrement des descendants des Brutus, des Scipion et des grands hommes que nous avons pris pour modèles...

Le peuple français, libre, respecté du monde entier, donnera à l'Europe une paix glorieuse qui l'indemnisera des sacrifices de toute espèce qu'il a faits depuis six ans ; vous rentrerez alors dans vos foyers, et vos concitoyens diront en vous montrant : *Il était de l'armée d'Italie !*

DIX-NEUVIÈME SÉANCE.

Ponctuation. — Virgule, point et virgule, deux points, point. — Différentes sortes de points.

PONCTUATION.

La ponctuation a pour objet de faire distinguer par des signes convenus les phrases entre elles et les divers membres d'une phrase entre eux. La ponctuation, dans le langage écrit, correspond aux repos de la voix dans le discours, et sert à rendre la lecture plus facile et le sens plus clair.

DE LA VIRGULE (,).

La virgule s'emploie pour séparer entre elles les parties homogènes d'une même phrase, *sujets, attributs, compléments et propositions de peu d'étendue*. Exemples : *La richesse, le plaisir, la santé, deviennent des maux pour celui qui en abuse. La charité est patiente, douce, bienfaisante. On voyait des campagnes fertiles, de riches prairies, des moissons abondantes et des fruits de toute espèce. Le tambour se fait entendre, les soldats prennent leurs armes, courent sus à l'ennemi, et le culbutent en moins d'une heure.* Cependant, si les parties ci-dessus énumérées étaient seulement au nombre de deux, et qu'elles fussent jointes par une conjonction, l'emploi de la virgule serait prohibé : *La mollesse et l'oisiveté tuent les nobles sentiments.*

On placera entre deux virgules :

1° Toute partie de phrase pouvant être supprimée sans dénaturer l'idée principale. Telle que les mots mis en apostrophe et les compléments circonstanciels :

> Ex. : *Mais peut-être , ô soleil, n'as-tu qu'une saison ,*
>   *Un ami, don du ciel, est le vrai bien du sage ;*

2° Les propositions conditionnelles explicatives ou interjetées :

> *L'âne, s'il eût osé, se fût mis en colère.*
> *Le temps, qui change tout, change aussi nos humeurs.*
> *Tremble, m'a-t-elle dit, fille digne de moi.*

DU POINT ET VIRGULE (;).

Le point et virgule sert à séparer les propositions semblables qui ont trop d'importance pour que la virgule indique un repos suffisant. Ex. : *Vercingétorix dit aux chefs de sa cavalerie, qu'enfin le moment de la victoire était arrivé ; que les Romains abandonnaient les Gaules et s'enfuyaient dans leur province ; que cette circonstance suffisait pour assurer leur liberté présente ;* mais, etc...

DES DEUX POINTS (:).

On emploie les deux points :

1° Avant une citation et lorsqu'on annonce un discours. Ex. :

> *Déployez vos manteaux criblés par la mitraille,*
> *Et dites : « Nous étions à la grande bataille*
> *« Que la Moskowa vit sur ses bords. »*
>   (Bignon.)

La flamme l'environne et sa voix expirante
Murmure encore : « O France ! ô mon roi bien-aimé. »

(C. DELAVIGNE.)

2° Après un membre de phrase ayant par lui-même un sens complet, mais suivi d'un autre membre de phrase qui soit l'explication du premier :

Il faut autant qu'on peut obliger tout le monde :
On a souvent besoin d'un plus petit que soi.

3° Après une proposition suivie d'une autre qui s'y rattache assez pour qu'on ne puisse les séparer par un point, et entre lesquelles le point et virgule indiquerait un repos trop faible :

Rien ne pèse tant qu'un secret :
Le porter loin est difficile aux dames.

DU POINT (.).

Le point se met à la fin des phrases, qu'elles aient ou non un sens indépendant de ce qui suit. Ex. :

Il y a plus de science à réduire l'ennemi par la faim que par le fer.

DU POINT D'INTERROGATION (?).

Le point d'interrogation se place à la fin des phrases interrogatives : *Viendrez-vous ?* Non. *Que dites-vous ?*

DU POINT D'EXCLAMATION (!).

Ce point s'emploie après les exclamations : O temps ! ô mœurs !

Exercices.

N° 3. — *Proclamation à la Grande Armée.* — Soldats !
Il y a aujourd'hui un an, à cette heure même, que vous
étiez sur le champ mémorable d'Austerlitz. Les bataillons russes épouvantés fuyaient en désordre, ou, en-
veloppés, rendaient les armes à leurs vainqueurs.

Le lendemain, ils firent entendre des paroles de paix,
mais elles étaient trompeuses. A peine échappés, par
l'effet d'une générosité peut-être condamnable, aux
désastres de la troisième coalition, ils en ont ourdi une
quatrième. Mais l'allié sur la tactique duquel ils fon-
daient leur principale espérance n'est déjà plus. Ses
places fortes, ses capitales, ses magasins, ses arsenaux,
deux cent quatre-vingts drapeaux, sept cents pièces de
bataille, cinq grandes places de guerre, sont en notre
pouvoir.

L'Oder, la Wartha, les déserts de la Pologne, les
mauvais temps de la saison, n'ont pu vous arrêter un
moment. Vous avez tout bravé, tout surmonté ; tout a
fui à votre approche. C'est en vain que les Russes ont
voulu défendre la capitale de cette ancienne et illustre
Pologne ; l'aigle française plane sur la Vistule. Le brave
et infortuné Polonais, en nous voyant, croit voir les
légions de Sobieski de retour de leur mémorable ex-
pédition.

Soldats ! nous ne déposerons point les armes que la
paix générale n'ait affermi et assuré la puissance de nos
alliés, n'ait restitué à notre commerce sa liberté et ses
colonies. Nous avons conquis sur l'Elbe et sur l'Oder,
Pondichéry, nos établissements des Indes, le cap de
Bonne-Espérance et les colonies espagnoles. Qui donnerait le droit de faire espérer aux Russes de balancer les
destins ? Qui leur donnerait le droit de renverser de si
justes desseins ? Eux et nous, ne sommes-nous pas les
soldats d'Austerlitz !

VINGTIÈME SÉANCE.

Signes orthographiques. — Accents, cédille, tréma. — Emploi des majuscules.

SIGNES ORTHOGRAPHIQUES.

DES ACCENTS (´ ` ^).

L'accent aigu (´) se met sur tous les *é* fermés, excepté devant *d, r, z* placés à la fin d'un mot : *Pied, marcher, nez.*

L'accent grave (`) se met : 1° sur tous les *è* ouverts, excepté lorsque cet *è* est suivi d'une lettre redoublée ou d'un *x*, comme dans *appel, excursion;* 2° sur *à, dès, là, où,* pour ne pas les confondre avec *a* verbe ; *la, des* articles, *ou* conjonction, qui ne prennent pas d'accent ; 3° sur les adverbes ; *çà, déjà, voilà, deçà, de là, çà et là, par là, holà.*

L'accent circonflexe (^) se met : 1° sur la plupart des voyelles longues ; 2° sur les adjectifs en *ême : même, extrême;* 3° sur les participes passés, *dû, redû, mû, crû* (de croître) ; 4° sur les adjectifs *mûr, sûr* (certain); 5° sur *le nôtre, le vôtre* (notre et votre n'en prennent pas); 6° sur la lettre *i* des verbes en *aître* quand cette lettre est suivie d'un *t :* Il naît, il connaît.

DE L'APOSTROPHE (').

L'apostrophe indique la suppression d'une des voyelles *a, e, i,* devant un mot commençant par une voyelle ou une *h* muette. L'usage, mieux que les règles, indiquera l'emploi de l'apostrophe. Nous dirons cependant que l'*e* final des mots *lorsque, puisque, quoique,* ne se

remplace par cette figure que devant *un, une* et les pronoms : *il, elle ; ils, elles, on.* Ex. : *Lorsqu'il chante, quoi
qu'on dise.*

L'*e* final du mot *entre* se supprime devant tout mot
avec lequel il est intimement lié, comme dans s'*entr'ai-
der, entr'acte,* etc. Mais il ne faut pas écrire *entr'eux,
entr'elles.*

L'*e* final du mot *presque* s'élide uniquement dans
presqu'île, et celui de *quelque* uniquement devant *un,
une.* On écrit aussi : Grand'croix, grand'mère, grand'-
tante, grand'chose, grand'peur, grand'peine, grand'pitié
et grand'route.

DE LA CÉDILLE (Ç).

La cédille se met sous le c devant les voyelles *a, o, u,*
pour lui donner le son de l's : façade, reçu, j'aperçois.

DU TRÉMA (¨).

Le tréma se met sur les voyelles *e, i, u,* pour indi-
quer que cette voyelle doit être prononcée séparément
de celle qui précède. Ex. : *Naïf, Saül, ciguë, aiguë, am-
biguë,* etc., pour empêcher de prononcer la terminaison des trois derniers mots comme celle de *fatigue.* On
met encore le tréma sur : *païen, païenne, baïonnette,
poëme* et *poëte.*

DU TRAIT D'UNION (-).

Le trait d'union sert à unir les parties d'un même
mot, comme dans : *vis-à-vis, peut-être, Michel-Ange,* etc.,
ou à marquer l'union qui existe entre le verbe et le pronom qui le suit, comme dans *Partirez-vous ? Donnez-le-
moi.*

On emploie encore le trait d'union avant et après
les particules *ci* et *là : ci-dessus, là-dessus, celui-ci, celui-*

là. Après *très : très-humble, très-obéissant*. Entre les parties d'un adjectif de nombre composé quand chacune
de ces parties est inférieure à cent : *dix-huit, vingt-
quatre, quatre-vingt-dix-neuf, vingt-quatre millions neuf
cent soixante-quinze mille*. On cesse d'employer le trait
d'union entre les parties d'un nombre unies par *et :
vingt et un*.

DE LA PARENTHÈSE ().

Ce signe sert à renfermer quelques mots qui forment
un sens distinct de la phrase où ils sont intercalés. Ex. :
*A ce choc (et j'en frémis encore), le vaisseau s'entr'ouvrit et
disparut à tout jamais.*

DES GUILLEMETS (« »).

On emploie les guillemets pour faire ressortir les ci-
tations ;

Ex. : Après être entré dans Milan, Napoléon publia
l'ordre du jour ci-après : « Soldats, vous vous êtes pré-
« cipités comme un torrent du haut de l'Apennin, vous
« avez culbuté, dispersé tout ce qui s'opposait à votre
« marche, etc. »

DES MAJUSCULES.

On écrit par une majuscule (grande lettre) :
1° Le premier mot d'une phrase , d'un vers, d'un
alinéa ;
2° Le mot Dieu, Créateur et ses synonymes ;
3° Les noms propres d'hommes, de pays, de peuples,
de provinces, de villes, de fleuves, de montagnes, de
lacs, de mers : *Racine, Boileau*, la *France*, etc. Mais les
noms de peuples pris adjectivement ne prennent pas
de majuscules : *Le commerce anglais, la langue espa-
gnole ;*

4° Les noms de qualités, *Roi, Prince, Duc, Préfet, Général*, etc., quand ils remplacent le nom de la personne dont on parle, et quand ils sont employés dans une pétition, etc. Dans le discours ordinaire, ces mots s'écrivent sans majuscule : *J'ai dîné chez le duc de Choiseul.*

Les noms des jours, des mois et des vents, ne prennent pas de majuscule. Cependant les mots : *Nord, Midi, Sud, Orient*, etc., prennent la majuscule quand ils représentent certains États comme : l'*Amérique du Nord*, l'*Amérique du Sud*, l'*Empire d'Orient*, l'*Église d'Occident*. On donnera aussi une majuscule à chaque partie des mots : *Bas-Empire, États-Unis, Pays-Bas, Palais-Royal*, etc.

Exercices.

Extrait du 30ᵉ bulletin de la Grande Armée.—Le 10 frimaire an XIV (30 novembre 1805), l'Empereur, du haut de son bivouac, aperçut, avec une indicible joie, l'armée russe commençant, à deux portées de canon de ses avant-postes, un mouvement de flanc pour tourner sa droite. Il vit alors jusqu'à quel point la présomption et l'ignorance de l'art de la guerre avaient égaré les conseils de cette brave armée. Il dit plusieurs fois : « Avant demain au soir, cette armée est à moi. » Cependant, le sentiment de l'ennemi était bien différent : il se présentait devant nos grand'gardes à portée de pistolet : il défilait par une marche de flanc sur une ligne de quatre lieues, en prolongeant l'armée française, qui paraissait ne pas oser sortir de sa position : il n'avait qu'une crainte, c'était que l'armée française ne lui échappât. On fit tout pour confirmer l'ennemi dans cette idée. Le prince Murat fit avancer un petit corps de cavalerie dans la plaine ; mais tout d'un coup, il parut

étonné des forces immenses de l'ennemi et rentra à la
hâte. Ainsi, tout tendait à confirmer le général russe
dans l'opération mal calculée qu'il avait arrêtée. L'Empereur fit mettre à l'ordre la proclamation ci-jointe. Le
soir, il voulut visiter à pied et incognito tous les bivouacs; mais à peine eut-il fait quelques pas qu'il fut
reconnu. Il serait impossible de peindre l'enthousiasme
des soldats en le voyant. Des fanaux de paille furent
mis en un instant au haut de milliers de perches, et
quatre-vingt mille hommes se présentèrent au-devant
de l'Empereur, en le saluant par des acclamations; les
uns pour fêter l'anniversaire de son couronnement, les
autres disant que l'armée donnerait le lendemain son
bouquet à l'Empereur. Un des plus vieux grenadiers
s'approcha de lui et lui dit : «Sire, tu n'auras pas besoin
de t'exposer. Je te promets, au nom des grenadiers de
l'armée, que tu n'auras à combatire que des yeux, et
que nous t'amènerons demain les drapeaux et l'artille-
rie de l'armée russe, pour célébrer l'anniversaire de
ton couronnement. »

L'Empereur dit, en entrant dans son bivouac, qui
consistait en une mauvaise cabane de paille sans toit,
que lui avaient faite les grenadiers : « Voilà la plus
belle soirée de ma vie; mais je regrette de penser que
je perdrai bon nombre de ces braves. Je sens, au mal
que cela me fait, qu'ils sont véritablement mes enfants;
et, en vérité, je me reproche quelquefois ce sentiment,
car je crains qu'il ne me rende inhabile à faire la
guerre. » Si l'ennemi eût pu voir ce spectacle, il eût
été épouvanté. Mais l'insensé continuait toujours son
mouvement, et courait à grands pas à sa perte.

L'Empereur fit sur-le-champ toutes ses dispositions
de bataille. Il fit partir le maréchal Davout en toute
hâte, pour se rendre au couvent de Raygern. Il donna
le commandement de la gauche au maréchal Lannes,
de la droite au maréchal Soult, du centre au maréchal

Bernadotte, et de toute la cavalerie, qu'il réunit en un seul point, au prince Murat.

L'Empereur, avec son fidèle compagnon de guerre, le maréchal Berthier, son premier aide de camp, le colonel général Junot et tout son état-major, se trouvait en réserve avec les dix bataillons de sa garde et les dix bataillons de grenadiers du général Oudinot, dont le général Duroc commandait une partie.

Cette réserve était rangée sur deux lignes, en colonnes par bataillons, à distance de déploiement, ayant dans les intervalles quarante pièces de canon servies par les canonniers de la garde. C'est avec cette réserve que l'Empereur avait le projet de se précipiter partout où il eût été nécessaire. On peut dire que cette réserve valait une armée.

A une heure du matin, l'Empereur monta à cheval pour parcourir ses postes, reconnaître les feux des bivouacs de l'ennemi, et se faire rendre compte par les grand'-gardes de ce qu'elles avaient pu entendre des mouvements des Russes. Il apprit qu'ils avaient passé la nuit dans l'ivresse, qu'on les avait ouïs pousser des cris tumultueux, et qu'un corps d'infanterie russe s'était présenté au village de Sokolnitz, occupé par un régiment de la division du général Legrand, qui reçut ordre de le renforcer.

Le onze frimaire, le jour parut enfin. Le soleil se leva radieux ; et cet anniversaire du couronnement de l'Empereur, où allait se passer un des plus beaux faits d'armes du siècle, fut une des plus belles journées de l'automne.

Cette bataille, que les soldats s'obstinent à appeler la journée des trois Empereurs, que d'autres appellent la journée de l'Anniversaire, et que l'Empereur a nommée la journée d'Austerlitz, sera à jamais mémorable dans les fastes de la grande nation.

COURS DE DEUXIÈME ANNÉE.

Les quatre premières séances seront consacrées à la révision du cours de première année.

CINQUIÈME SÉANCE.

Observations particulières sur les verbes irréguliers de la première et de la deuxième conjugaison. — Conjugaison de plusieurs de ces verbes.

1° Les verbes en : *cer*, prennent une cédille devant les voyelles *a*, *o*, pour adoucir la prononciation : nous menaçons, nous lançâmes.

2° Les verbes en : *ger*, prennent aussi dans le même but un *e* immédiatement après le *g* dans le temps où cette lettre serait suivie de *a*, *o* : nous assiégeons, vous assiégeâtes.

3° Les verbes en : *ier*, prennent deux *i* de suite aux deux premières personnes plurielles de l'imparfait de l'indicatif et du présent du subjonctif : nous fortifiions, vous fortifiiez ; que nous incendiions, que vous incendiiez. Cette observation s'applique aux verbes de la 4ᵉ conjugaison qui ont le participe présent en : *iant*, nous riions, que vous riiez.

4° Les verbes en *eler*, *eter* doublent la consomme *l*, *t*, devant une syllabe muette : *j'appelle, ils jetteront*.

4° Les verbes en : *éer*, comme créer, suppléer, prennent deux *e* de suite aux trois personnes du singulier du présent de l'indicatif et du présent du subjonctif et à toutes les personnes du futur simple et du conditionnel présent. Au participe passé masculin ils prennent deux *e*; trois au féminin. Le vaisseau fut gréé en deux jours; la frégate fut gréée en vingt-quatre heures.

6° Les verbes qui ont un *e* fermé à l'avant-dernière syllabe de l'infinitif changent cet *e* fermé en *e* ouvert devant une syllabe muette : céler, végéter, abréger : il cèle, il végète, il abrège, etc.

Exercices.

Faire conjuguer un ou plusieurs des verbes ci-après :
Avancer, lancer, agacer, menacer, agencer, etc.
Assiéger, charger, encourager, héberger, loger, etc.
Châtier, défier, édifier, incendier, licencier, plier, etc.
Atteler, botteler, dételer, harceler, rappeler, etc.
Acheter, cacheter, épousseter, étiqueter, racheter, etc.
Gréer, agréer, dégréer, gabaréer, guéer, maugréer, etc.

2ᵉ CONJUGAISON.

Parmi les verbes de cette conjugaison, il n'y a que ceux qui ont le participe en *issant* qui soient réguliers; tous les autres diffèrent en quelque point du modèle donné. On fera remarquer toutefois que le verbe bénir a deux participes passés : bénit, bénite quand il s'agit d'une chose consacrée par une cérémonie religieuse : du pain bénit, de l'eau bénite; et béni, bénie, dans toutes les autres acceptions : Vous êtes bénie entre toutes les femmes.

Haïr prend deux points sur l'*i* dans toute la conjugaison, excepté aux trois personnes du singulier du présent de l'indicatif : je hais, tu hais, il hait.

Fleurir employé pour exprimer la prospérité des sciences, d'un empire, etc., fait florissait à l'imparfait de l'indicatif et florissant au participe présent.

Exercices.

Faire conjuguer un des verbes ci-après :
Aguerrir, crépir, démolir, ensevelir, gravir, meurtrir.

SIXIÈME SÉANCE.

Observations particulières sur les verbes irréguliers de la troisième et de la quatrième conjugaison. — Conjugaison de plusieurs de ces verbes.

A la troisième conjugaison, il n'y a que les verbes en *voir* qui se conjuguent sur recevoir; tous les autres sont irréguliers.

4ᵉ CONJUGAISON.

Les verbes en *dre* se terminent par ds, ds, d aux trois personnes du singulier du présent de l'indicatif: je rends, tu rends, il rend. Ceux en *indre* et en *soudre* se terminent par s, s, t, en supprimant le *d*: je crains, tu crains, il craint; je résous, tu résous, il résout.

Exercices.

Faire conjuguer un des verbes ci-après :
Apercevoir, concevoir, devoir, et leurs composés.
Prendre, entreprendre, surprendre, fendre, pourfendre, fondre, etc.
Absoudre, dissoudre, contraindre, plaindre, rejoindre, etc.

SEPTIÈME SÉANCE.

Observations sur les verbes qui ont le participe présent en *yant*.—Conjugaison de plusieurs de ces verbes qui se rencontrent dans les quatre conjugaisons.

Dans les verbes en *yer*, l'*y* se change en *i* devant un *e* muet : j'essuie, tu essuies, il essuie, ils essuieront, etc. Ces verbes prennent un *y* et un *i* aux deux premières personnes plurielles de l'imparfait de l'indicatif et du présent du subjonctif.

Cette règle s'applique aussi aux verbes des autres conjugaisons qui ont le participe présent en *yant*, comme : *fuir, voir, croire,* etc.

Les verbes rayer et enrayer conservent l'*y* devant un *e* muet.

Exercices.

Faire conjuguer un des verbes ci-après :

Balayer, déblayer, effrayer, guerroyer, fuir, prévoir, entrevoir, pourvoir, croire, traire, extraire, soustraire, etc.

N° 2. — La Tour d'Auvergne naître (*passé déf. ind.*) à Carhaix (Finistère) en mil sept cent quarante-trois. Il se vouer (*passé déf. ind.*) dès sa jeunesse au métier des armes, se distinguer (*passé déf. ind.*) au siége de Mahon et prendre (*passé déf. ind.*) sa retraite à la paix. Il rentrer (*passé déf. ind.*) au service à quarante-neuf ans, quand la France attaquer (*imparf. ind. passif*) par la coalition, mais il ne vouloir (*passé déf. ind.*) accepter d'autre grade que celui de capitaine de grenadiers avec lequel il s'être (*plus-q.-parfait*) retiré du service. A l'armée des Alpes on lui confier (*passé déf. ind.*) le commandement de tous les grenadiers, dont il composer (*passé déf. ind.*) une légion qu'on appeler (*passé déf. ind.*) la colonne infernale. Cette avant-garde gagner (*passé déf. ind.*) presque toutes les batailles, avant que le reste de troupes arriver (*imparf. subj. passif*). Sans ambition, La Tour d'Auvergne ne vouloir (*passé déf. ind.*) jamais accepter d'avancement et refuser (*passé déf. ind.*) le grade de général de brigade auquel il promouvoir (*plus-q.-parf. ind. passif*) en récompense de ses éclatants services. Bonaparte devenir (*participe passé déf.*) premier consul conférer (*passé déf. ind.*) à ce héros aussi modeste qu'illustre, et qui être (*imparf. ind.*) au-dessus de toutes les récompenses, le titre honorable de *premier grenadier de France*. Cette flatteuse distinction consacrer (*passé déf. ind. passif*) par l'armée et le pays dont il être (*imparf. ind.*) l'idole. A la paix, La Tour d'Auvergne se retirer (*passé déf. ind.*) dans sa ville natale, mais la guerre s'être (*participe présent*) rallumée, il s'offrir (*passé déf. ind.*) pour partir à la place du fils d'un de ses amis enlever (*participe passé déf.*) par la conscription. Il se rendre (*passé déf. ind.*) à l'armée d'Helvétie, on le placer (*passé déf. ind.*) à la tête des grenadiers de la 46ᵉ demi-brigade en qualité de simple grenadier et il tuer (*passé déf. ind. passif*) six jours après au combat d'Obenhausen en arracher (*participe prés.*) un étendard aux ennemis.

Le cœur du héros, enchâsser (*participe passé défini*) dans une boîte de plomb, attacher (*passé déf. ind. passif*) au drapeau de la compagnie qu'il adopter (*plus-q.-parf. ind.*), et quand on faire (*imparf. ind.*) l'appel on évoquer (*imp. ind.*) ainsi sa mémoire : « La Tour d'Auvergne ! et un grenadier répondre (*imparf. ind.*) : Mort au champ d'honneur ! »

HUITIÈME SÉANCE.

Orthographe des verbes.

L'orthographe des verbes n'est pas sans quelques difficultés, comme on peut s'en convaincre par l'examen du tableau qui précède.

Le singulier du présent de l'indicatif se termine par *e, es, e,* dans les verbes de la 1ʳᵉ conjugaison, et dans les verbes *cueillir, offrir, ouvrir* et leurs composés : je *chante,* tu *chantes,* il *chante* ; je *cueille,* tu *offres,* il *ouvre.* Dans les autres conjugaisons, il se termine par *s, s, t* ou *d;* je *finis,* tu *reçois,* il *écrit,* il *rend.* Il faut en excepter cependant les verbes *pouvoir, valoir, vouloir, vaincre* et *convaincre,* qui font : je *peux,* tu *peux,* je *vaux,* tu *vaux,* je *veux,* tu *veux,* il *vainc,* il *convainc.*

Le singulier du passé défini se termine par *ai, as, a,* dans la 1ʳᵉ conjugaison, et dans les trois autres par *s, s, t* (sans exception). J'*aimai,* tu *aimas,* il *aima,* je *finis,* tu *reçus,* il *rompit ;* le pluriel du même temps se termine par *mes, tes, rent ;* nous *aimâmes,* vous *reçûtes,* ils *rompirent.*

L'impératif ne diffère du présent de l'indicatif que par la suppression des pronoms sujets. On fera remarquer cependant que la 2ᵉ personne du singulier de l'impératif ressemble à la première de l'indicatif et non pas à la seconde : *aime, marche.*

Les cinq verbes, *avoir, être, aller, savoir* et *vouloir,* font à l'impératif : *aie, sois, va, sache, veux.*

Quand la 2ᵉ personne singulière de l'impératif se termine par une voyelle, et qu'elle est suivie des pronoms *en, y,* on lui donne une *s* par euphonie, *vas-y, cueilles-en.* Il faut bien remarquer que, si c'était la préposition *en,* il ne faudrait pas d's euphonique : *offre* en même temps quelques fruits, *marche* en avant.

L'orthographe est la même pour tous les autres temps dans les quatre conjugaisons. Les trois personnes plurielles se terminent par *ons, ez, ent* et *nt* excepté : vous *êtes,* vous *dites,* vous *faites.*

Les deux premières personnes plurielles du passé défini et la 3e du singulier de l'imparfait du subjonctif prennent un accent circonflexe : nous *aimâmes,* vous *aimâtes,* qu'il *aimât.*

_____

Exercices.

N° **1.** — La ville de Verdun donner (*passé déf. ind.*) le jour au brave général Chevert, issu de parents pauvres ; il entrer (*passé déf. ind.*) au service comme simple soldat. Il être (*imparf. ind.*) déjà lieutenant-colonel, lorsque l'armée française assiéger (*imparfait ind.*) Prague en mil sept cent quarante et un. Des armées ennemies bien supérieures en nombre s'avancer (*imparf. ind.*) contre elle et menacer (*imparf. ind.*) de l'envelopper sans qu'il lui rester (*imparf. subj.*) la possibilité d'opérer sa retraite d'aucun côté ; elle perdre (*imparf. ind. passif*), si elle ne s'emparer (*imparf. ind.*) promptement de la ville. Le maréchal de Saxe résoudre (*passé déf. ind.*) de donner immédiatement l'assaut ; il charger (*passé déf. ind.*) le colonel Chevert de diriger l'attaque véritable, tandis que par de fausses attaques on appeler (*cond. présent*) les forces des assiégés sur d'autres points. Chevert prendre (*ind. prés.*) à part un de ses grenadiers dont l'intrépidité lui connaître (*imparf. ind. passif*) de longue date : Tu voir (*ind. prés.*) bien cette sentinelle là devant ? lui dire (*ind prés.*)-il.—Oui, mon colonel.—Elle aller (*ind. prés.*) te crier qui vive ? ne répondre (2e *pers. sing. impératif*) rien, mais avancer (2e *pers. sing. impératif*).—Oui, mon colonel.—Elle tirer (*futur ind.*) sur toi et te manquer (*futur ind.*).—Oui, mon colonel.— Tuer (2e *pers. sing. impératif*) la et nous arri-

4

ver (*ind. prés.*) pour te défendre. Le grenadier s'avancer (*ind. prés.*), manquer (*prés. ind. passif, 3ᵉ pers. sing.*) par la sentinelle, la tuer (*ind. prés.*). Chevert le suivre (*ind. prés.*), le maréchal entrer (*ind. prés.*) dans la ville et la garnison mettre (*ind. prés.*) bas les armes. L'année suivante, Chevert défendre (*passé défini ind.*) cette même place pendant dix-huit jours, avec dix-huit cents hommes, contre toute l'armée autrichienne, et ne capituler (*passé défini ind.*) qu'aux conditions les plus honorables.

NEUVIÈME SÉANCE.

Verbes irréguliers et défectifs. — Tableau de ces verbes.

VERBES IRRÉGULIERS.

Il y a un certain nombre de verbes qui s'écartent des règles données sur la formation des temps ; on les appelle *verbes irréguliers*.

VERBES DÉFECTIFS.

Il y en a d'autres qui sont inusités à quelques temps, ou à quelques personnes ; on les appelle verbes défectifs, comme : *braire, distraire, falloir*, etc. Nous donnons la liste des principaux verbes irréguliers ou défectifs, dans le tableau ci-après.

Nota : Le plus souvent, quand un temps primitif manque, les temps qui en dérivent manquent aussi.

TABLEAU des principaux verbes irréguliers ou défectifs.

TEMPS PRIMITIFS					TEMPS DÉRIVÉS
Présent de l'infinitif.	Participe présent.	Participe passé défini	Présent de l'indicatif.	Passé défini.	DONT LA CONJUGAISON EST IRRÉGULIÈRE.
Aller.	Allant.	Allé.	Je vais.	J'allai.	Présent de l'indicatif : je vais, tu vas, il va, ils *vont.* — Futur : j'*irai,* tu *iras,* etc. — Conditionnel présent : j'*irais,* tu *irais.* — Impératif : *va, allons, allez.* — Présent du subjonctif : que j'*aille,* que tu *ailles,* qu'il *aille,* que nous *allions,* qu'ils *aillent.* Il prend l'auxiliaire être aux temps composés.
Envoyer.	Envoyant.	Envoyé.	J'envoie.	J'envoyai.	N'est irrégulier qu'au futur et au conditionnel : j'*enverrai,* j'*enverrais.*
Acquérir.	Acquérant.	Acquis.	J'acquiers.	J'acquis.	Présent de l'indicatif : j'*acquiers,* tu *acquiers,* il *acquiert,* nous *acquérons,* ils *acquièrent.* — Futur : j'*acquerrai,* tu *acquerras,* il *acquerra,* etc. — Conditionnel : j'*acquerrais.* — Subjonctif présent : que j'*acquière,* que tu *acquières,* qu'il *acquière,* que nous *acquérions,* qu'ils *acquièrent.*
Courir.	Courant.	Couru.	Je cours.	Je courus.	N'est irrégulier qu'au futur et au conditionnel : je *courrai,* je *courrais.*
Faillir.	»	Failli.	»	Je faillis.	N'est guère usité qu'au passé défini : je *faillis.* — Au futur : je *faillirai.* — Au conditionnel : je *faillirais,* et aux temps composés.
Mourir.	Mourant.	Mort.	Je meurs.	Je mourus.	Futur : je *mourrai,* tu *mourras,* etc. — Conditionnel présent : je *mourrais.* — Présent du subjonctif : que je *meure,* que tu *meures,* etc. Il prend l'auxiliaire être aux temps composés.

	TEMPS PRIMITIFS.				TEMPS DÉRIVÉS DONT LA CONJUGAISON EST IRRÉGULIÈRE.
Présent de l'infinitif.	Participe présent.	Participe passé défini.	Présent de l'indicatif.	Passé défini.	
Tenir.	Tenant.	Tenu.	Je tiens.	Je tins.	Indicatif présent : je *tiens*, tu *tiens*, nous *tenons*, ils *tiennent*. — Futur : je *tiendrai*, etc. — Conditionnel : je *tiendrais*, etc.—Subjonctif présent : que je *tienne*, que tu *tiennes*, qu'il *tienne*, que nous *tenions*, qu'ils *tiennent*.
Venir	Venant.	Venu.	Je viens.	Je vins.	Indicatif présent : je *viens*, nous *venons*, ils *viennent*. — Futur : je *viendrai*, tu *viendras*. — Conditionnel : je *viendrais*, etc.—Subjonctif présent : que je *vienne*, que nous *venions*, qu'ils *viennent*. Il prend être aux temps composés.
Vêtir.	Vêtant.	Vêtu.	Je vêts.	Je vêtis.	Ce verbe ne figure ici que pour rappeler aux élèves qu'il est régulier. Il sera bon de le faire conjuguer à haute voix pour corriger les locutions vicieuses suivantes : Présent de l'indicatif : nous *vêtissons*.—Subjonctif présent : que je *vêtisse*, lesquelles ne sont que trop répandues.
Échoir.	Échéant.	Échu.	Il échoit.	J'échus.	Futur : *j'écherrai*. — Conditionnel : *j'écherrais*. — Subjonctif présent : que *j'échoie*. Prend l'auxiliaire être.
Falloir.	»	Fallu.	Il faut.	Il fallut.	Futur : il *faudra*. — Conditionnel : il *faudrait*. — Subjonctif présent : qu'il *faille*, quoiqu'il n'ait pas de participe présent.
Pleuvoir.	Pleuvant.	Plu.	Il pleut.	Il plut.	Ce verbe impersonnel s'emploie quelquefois à la troisième personne du pluriel quand il est pris au figuré : Les coups de fusil *pleuvaient* sur nous de tous côtés. Les honneurs *pleuvent* chez lui.
Pouvoir.	Ponvant.	Pu.	Je puis ou je	Je pus.	Indicatif présent : je *puis* ou je *peux*; tu *peux*, il *peut*. — Futur : je *pourrai*, etc. — Conditionnel : je *pourrais*.—Sub-

Infinitif	Participe présent	Participe passé	Indicatif présent	Passé	Observations
S'asseoir.	S'asseyant.	Assis.	Je m'assieds.	Je m'assis.	je m'assiérai ou je m'asseyerai, etc. — Conditionnel : je m'assiérais ou je m'asseyerais, etc. On dit aussi : je m'assois, je m'assoirai.—Subjonctif présent : que je m'assoie. On doit donner la préférence à la première manière de conjuguer ce verbe.
Savoir.	Sachant.	Su.	Je sais.	Je sus.	Indicatif présent : je sais, nous savons, vous savez, ils savent. — Imparfait de l'indicatif : je savais, etc. — Futur : je saurai, etc.— Conditionnel : je saurais, etc. — Impératif : sache, sachons, sachez. — Subjonctif présent : que je sache. Quelquefois on dit au présent de l'indicatif : je ne sache pas.
Voir.	Voyant.	Vu.	Je vois.	Je vis.	N'est irrégulier qu'au futur et au conditionnel : je verrai, je verrais.
Vouloir.	Voulant.	Voulu.	Je veux.	Je voulus.	Indicatif présent : je veux, tu veux, il veut, ils veulent.—Futur : je voudrai.—Conditionnel : je voudrais, etc.—Impératif : veux, voulons, voulez, et quelquefois veuillons, veuillez.—Subjonctif : que je veuille, que vous vouliez, qu'ils veuillent.
Boire.	Buvant.	Bu.	Je bois.	Je bus.	Indicatif présent : je bois, tu bois, il boit, nous buvons, vous buvez, ils boivent. — Subjonctif présent : que je boive, que nous buvions, que vous buviez, qu'ils boivent.
Dire.	Disant.	Dit.	Je dis.	Je dis.	Indicatif présent : vous dites. Redire a la même irrégularité ; mais les autres composés de dédire font la deuxième personne du pluriel en sez : vous dédisez, vous médisez, vous prédisez, etc.
Faire.	Faisant.	Fait.	Je fais.	Je fis.	Indicatif présent : je fais, tu fais, il fait, nous faisons, vous faites, ils font. — Futur : je ferai, etc. — Conditionnel : je ferais, etc.—Subjonctif présent : que je fasse, etc. Tous les autres composés de faire se conjuguent de même.
Prendre.	Prenant.	Pris.	Je prends.	Je pris.	Indicatif présent : je prends, tu prends, il prend, nous prenons, vous prenez, ils prennent.—Subjonctif présent : que je prenne, que tu prennes, que nous prenions, qu'ils prennent.
Vaincre.	Vainquant.	Vaincu.	Je vaincs.	Je vainquis.	Indicatif présent : je vaincs, tu vaincs, il vainc, nous vainquons, vous vainquez, ils vainquent. Le singulier du présent et de l'imparfait de l'indicatif est peu usité. Il ne s'emploie pas à la deuxième personne singulière de l'impératif.

DIXIÈME SÉANCE.

Accord du verbe avec le sujet exprimé par plusieurs noms ou pronoms, par un collectif général, par un collectif partitif.

ACCORD DU VERBE AVEC LE SUJET.

Le verbe à un mode personnel s'accorde en nombre et en personne avec son sujet exprimé ou sous-entendu ; le même sujet ne doit pas être exprimé deux fois devant le même verbe : *je chante, tu chantes, Pierre chante, il a chanté faux. Nous chantons, vous chantez, ils chantent.*

Si le verbe a pour sujet plusieurs substantifs ou pronoms singuliers unis par *et*, il se met au pluriel, et, si les sujets sont de différentes personnes, le verbe prend celle qui a la priorité sur l'autre. La première a la priorité sur les deux autres, la seconde a la priorité sur la troisième : *vous et moi sortirons aujourd'hui. Pierre et vous serez de corvée.*

Lorsque les substantifs qui précèdent le verbe ne sont point unis par *et*, ce verbe reste au singulier, s'il y a synonymie ou gradation : *son aménité, sa douceur est connue de tout le monde. La détonation d'une arme à feu, le cri des animaux, l'obscurité, le silence même, l'effraie.*

On appelle *collectifs* des noms qui, quoique au singulier, représentent à l'esprit l'idée de plusieurs personnes ou de plusieurs choses ; tels sont : *multitude, foule* et les adverbes de quantité *combien, beaucoup*, etc. Le *collectif général* exprime la totalité des objets dont on parle ; le *collectif partitif* n'en exprime qu'une partie. Quand je dis : *le nombre des hommes commandés était de vingt, nombre* est ici collectif général parce qu'il embrasse la totalité des hommes commandés. *Un grand nombre des hommes commandés pour ce service en ont été dispensés.* Ici *nombre* est collectif partitif parce qu'il ne représente qu'une partie des personnes commandées.

RÈGLE. — Quand un verbe a pour sujet un collectif général, l'accord a lieu avec ce collectif ; si, au contraire, le sujet est un collectif partitif, l'accord se fait avec le substantif qui vient après ce collectif, comme on le voit par les exemples qui précèdent.

Les collectifs dont l'accord présente le plus d'embarras sont : *troupe, nuée, quantité, la moitié, une dizaine, une centaine,* etc. Employés dans leur acception propre, ces mots sont collectifs généraux, bien qu'ils soient précédés de *un, une* (1), et le verbe reste au singulier.

Une troupe de paysans vint à nous.

Une troupe de canards sauvages s'est abattue dans ce marais. Une nuée de sauterelles désola l'Égypte. La moitié des recrues fut dirigée sur les bataillons de guerre.

Mais, quand ces mots sont employés dans le sens de *beaucoup de,* ils sont collectifs partitifs, et le verbe se met au pluriel. *Dans les fêtes publiques une troupe de voleurs se trouvent mêlés à la foule. La moitié de mes fruits se sont gâtés.* (Quand on ne veut pas dire la moitié juste.)

La plupart et les adverbes de quantité, *peu, beaucoup,* etc., sont toujours collectifs partitifs. C'est-à-dire que le verbe s'accorde avec le substantif qui suit.

Plus d'un veut le verbe au singulier : *plus d'un soldat périt dans cette rencontre.* Plus d'un répété demande le verbe au pluriel : *Plus d'un officier, plus d'un général, furent blessés.*

Le pronom relatif *qui* étant toujours du même nom-

---

(1) *Le, la, les,* indiquent le plus souvent un collectif général, *un, une,* un collectif partitif.

bre et de la même personne que son antécédent (nom
ou pronom qui le précède et auquel il se rapporte), le
verbe qui le suit se met au singulier, si l'antécédent est
un nom ou pronom du singulier, un collectif général,
plusieurs substantifs synonymes ou placés par gradation. Ex. : *Calme devant la mort qui l'arrachait si jeune
encore à une famille chérie. C'est moi seul qui suis coupa-
ble, c'est vous qui le dites. La bande de brigands qui a dé-
solé cette contrée a disparu complétement.*

Le verbe se mettra au pluriel, si l'antécédent de *qui*
est un nom ou un pronom du pluriel, deux noms ou
pronoms formant un pluriel ou un collectif partitif. Ex. :
*Les combats multipliés qui suivirent. Votre père et votre
frère, qui étaient venus avant-hier, sont revenus ce matin.
Un grand nombre des hommes qui ont pris part à cette
affaire ne sont pas revenus.*

Le verbe prendra la première, la seconde ou la troisième personne, selon que l'antécédent de *qui* sera de
la première, de la seconde ou de la troisième personne.
Ex. : *C'est moi qui l'ai vu. C'est toi qui l'as dit. C'est lui
qui partira. C'est nous qui*, etc.

Exercices.

Voilà plus de six mois que nous sommes entrés en
Crimée. Ces deux régiments ont monté les premiers
à l'assaut. Midi a sonné comme on tirait le premier
coup de canon contre le bastion du Mât. Plus de
quinze cents morts sont restés sur le champ de bataille.
Les généraux en chef sont convenus d'attaquer l'ennemi le jour même. La trêve n'était pas expirée quand
on a commencé l'attaque. Tous les hommes qui ont
montré quelque habileté à la guerre ont reconnu qu'il
y a des moments favorables et décisifs qui ne revien-
nent jamais. On remportera la victoire, si nos soldats
ne se laissent pas entraîner à une ardeur irréfléchie.

Amilcar fit jurer à son fils Annibal, âgé de neuf ans, une haine éternelle aux Romains. Celui-ci jura et tint parole. Nous ne demandons pas qu'on envahisse la Russie, nous voulons seulement qu'elle n'acquière pas de nouvelles possessions en Europe. Deux peuples aguerris ne peuvent se faire la guerre sans qu'il y ait du sang répandu.

ONZIÈME SÉANCE.

Emploi des auxiliaires. — Concordance des temps.

EMPLOI DES AUXILIAIRES.

Le verbe *avoir* exprime l'action : *j'ai frappé, j'ai couru*, et le verbe *être* exprime l'état : *je suis blessé, vous êtes vaincus.* Il résulte de cet exposé :

1° Que tous les verbes actifs se conjuguent avec l'auxiliaire *avoir*, attendu qu'ils expriment l'action ; ex. : *j'ai lu un livre.*

2° Que les verbes passifs, exprimant tous un état, une situation, se conjuguent avec l'auxiliaire *être : nous fûmes entraînés.*

Bien que les verbes réfléchis expriment l'action, on leur donne néanmoins l'auxiliaire *être* par raison d'euphonie : *je me suis promené, il s'en est allé.* Il ne faut donc pas dire : *je m'ai promené, il s'en a allé.*

La plupart des verbes neutres, marquant l'action, se conjuguent avec l'auxiliaire *avoir*, tels sont : *courir, contrevenir, marcher, paraître, subvenir, vivre,* etc. Quelques-uns cependant prennent l'auxiliaire *être,* ce sont : *aller, arriver, décéder, éclore, entrer, mourir, naître, sortir, venir* et ses composés *intervenir, parvenir, revenir. Convenir* prend les deux auxiliaires, mais alors il change d'acception. Il en est de même des verbes *demeurer, échapper, rester,* etc.

D'autres verbes neutres prennent alternativement les deux auxiliaires, selon que le sens de la phrase indique l'action ou l'état ; ce sont : *cesser, croitre, décroitre, descendre, empirer, expirer, partir, passer, veiller,* etc.

EMPLOI DES MODES.

Il existe entre les modes et les temps du verbe un rapport le plus souvent fondé sur l'usage, mais qu'il n'est pas permis d'ignorer.

Le rapport des temps de l'indicatif et du conditionnel entre eux n'offre aucune difficulté, il faut seulement se garder d'employer l'imparfait pour le présent, quand il s'agit d'exprimer une vérité constante ; ne dites donc pas : *je vous ai prouvé que la terre tournait* (dites *tourne*). *Tous vos chefs vous ont dit qu'il fallait vous instruire* (dites *qu'il faut*). L'usage et le sens de la phrase tiendront suffisamment lieu de règles à ce sujet. Il ne faut pas non plus employer le présent du conditionnel pour le futur de l'indicatif, quand il s'agit d'un fait certain, mais non encore accompli ; ne dites donc pas (si la chose est certaine) : *on m'a dit que nous irions à Rome cet été* (dites *que nous irons*).

Le subjonctif s'emploie généralement :

1° Après les verbes exprimant le désir, la volonté, le doute, le commandement : *je désire, je veux, j'ordonne que vous fassiez ce voyage.*

2° Après les impersonnels, il est juste, il convient, il importe, etc. *Il faut, il est juste, il convient que vous obéissiez.*

3° Après les conjonctions *afin que, à moins que, soit que,* etc. *Afin qu'il n'en ignore ; à moins qu'il ne vienne le premier.*

Ce mode s'emploie dans une multitude d'autres cas que le sens de la phrase indiquera suffisamment.

Il serait peut-être sage de s'abstenir, relativement à

l'emploi des temps du subjonctif, de poser des règles, attendu que l'on pourrait, par une application rigoureuse, mettre l'expression en désaccord avec la pensée. Il faut s'en rapporter bien plus à l'idée que l'on veut exprimer qu'au temps du premier verbe. Les règles suivantes sont toutefois d'un usage assez général.

1re RÈGLE.—Si le premier verbe est au présent ou au futur de l'indicatif, mettez le second au présent ou au parfait du subjonctif.

Je ne crois pas $\Big\{$ *que vous puissiez* $\Big\}$ supporter tant
Je ne croirai pas $\Big\{$ *que vous ayez pu* $\Big\}$ de fatigues.

2e RÈGLE.—Si le premier verbe est à l'un des passés de l'indicatif, le second verbe se met à l'imparfait ou au plus-que-parfait du subjonctif.

Il voulait
Il a voulu
Il voulut $\Bigg\}$ *que vous vinssiez le voir.*
Il avait voulu
Il eût voulu $\Bigg\}$ *que vous fussiez venu le voir.*
Il aurait voulu

L'infinitif s'emploie au lieu de l'indicatif, quand on veut donner de la vivacité à la narration :

Aussitôt les ennemis de s'enfuir en jetant leurs armes.
Et grenouilles de se plaindre.
Et Jupin de leur dire.

Quelquefois on emploie l'infinitif pour exprimer l'étonnement, la douleur, l'indignation. *Moi! trahir mon pays !*

On doit employer l'infinitif au lieu des modes personnels, toutes les fois qu'il est possible de le faire sans équivoque. Ex.: *il croit avoir tout fait.*

DOUZIÈME, TREIZIÈME, QUATORZIÈME SÉANCE.

Règles d'accord du participe passé des verbes passifs actifs, neutres, pronominaux, impersonnels, précédé d'un collectif. — Du pronom *le*, du pronom *en* placé entre deux *que*, suivi d'un infinitif.

PARTICIPE PASSÉ.

Le *participe passé* est toujours accompagné de l'auxiliaire être ou de l'auxiliaire avoir.

PARTICIPE ACCOMPAGNÉ DE L'AUXILIAIRE ÊTRE.

1re Règle.—Accompagné de l'auxiliaire être, le participe passé s'accorde avec le mot auquel il se rapporte. Ex. :

Le fer est émoussé, les bûchers sont éteints.

Quelquefois l'auxiliaire être est sous-entendu, mais la règle d'accord que nous venons de poser n'en est pas moins applicable :

Que de remparts détruits, que de villes forcées !

C'est-à-dire que de remparts ont été détruits, que de villes ont été forcées.

Dans les phrases suivantes : *je les croyais partis, sa vieillesse paraissait flétrie*, le verbe être est également sous-entendu, car on peut dire : je croyais eux être partis, sa vieillesse paraissait être flétrie.

PARTICIPE ACCOMPAGNÉ DE L'AUXILIAIRE AVOIR.

2e Règle.—Le participe passé accompagné de l'auxiliaire *avoir* s'accorde avec son régime direct, s'il en est précédé ; il reste invariable, s'il en est suivi ou s'il n'en a pas ; ex. : *voilà les livres que j'ai achetés*. Acheté quoi ?

lesquels livres (accord parce que le régime direct *que* est avant le participe). *Nous avons lu ces ouvrages.* Lu quoi ? ces ouvrages (*lu* est invariable parce qu'il est suivi de son régime direct *ouvrages*).

Nota.—*Le complément direct placé avant le participe est ordinairement exprimé par un des pronoms* me, te, se, nous, vous, le, la les, que, *ou par un substantif précédé d'un adverbe de quantité.*

PARTICIPE DES VERBES NEUTRES ET DES VERBES IMPERSONNELS.

Il résulte de cette règle que le participe passé des verbes neutres conjugués avec *avoir*, et celui des verbes impersonnels, sont toujours invariables, par la raison que ces verbes ne sont pas susceptibles d'avoir un régime direct. Ex. : *je regrette les nombreuses années que j'ai vécu sans m'instruire. Les cent francs que cet habit m'a coûté. Les six mille francs que cette maison a valu. Les chaleurs qu'il a fait* (1). *Il s'est glissé une erreur* (2).

Le verbe *coûter* étant neutre, son participe passé devrait toujours être invariable, et c'est l'opinion de l'Académie ; cependant nos bons écrivains considèrent ce verbe comme actif et font varier le participe : *cinquante familles seraient riches des sommes que cette maison a coûtées* (J.-J. Rousseau). *Vous n'avez pas oublié les soins que vous m'avez coûtés* (Fénelon).

Le verbe *valoir* est actif dans le sens de procurer, produire, faire, obtenir, etc.; on dira donc, en faisant

---

(1) Dans les phrases de ce genre, *que* est le complément d'une préposition sous-entendue (pendant, moyennant) avec laquelle il forme un régime indirect.

(2) *Il* signifiant *cela*, *se* est masculin singulier ; *erreur* est un sujet répété après le participe pour l'explication de (*il*), mais il n'exerce pas d'influence sur le participe.

varier le participe : *voilà la réception que cet habit m'a value.* Tout verbe neutre employé activement est dans le même cas.

Exercices sur la deuxième règle du participe passé

PARTICIPES PASSÉ DES VERBES RÉFLÉCHIS.

Les Romains s'étaient faits à la discipline.

L'auxiliaire *être* étant mis ici pour l'auxiliaire *avoir*, il faut rétablir celui-ci dans la question et dire : les Romains avaient fait qui ? Eux. Comme le régime direct est avant le participe, accord.

Tous les peuples du monde se sont fait des dieux corporels. Tous les peuples on fait quoi? des dieux. Comme le régime direct est après le participe, celui-ci reste invariable.

Ils se sont nui. Ils ont nui à qui ? A soi. *Se* étant mis pour *à soi* est un régime indirect et le participe reste invariable.

Ils se sont plu dans cet endroit (il a plu à eux de rester dans cet endroit).

NOTA.—*Les verbes* nuire *et* plaire *étant neutres, leurs participes ne sauraient avoir de régime direct et sont par conséquent invariables.*

PARTICIPE PASSÉ PRÉCÉDÉ D'UN COLLECTIF.

J'eus une maladie assez sérieuse, causée par la trop grande quantité de liqueur que j'avais bue. J'avais bu quoi ? une trop grande quantité. *Que* tenant lieu de ce collectif et précédant le participe, celui-ci s'accorde avec le collectif.

Une foule de jeunes gens se sont offerts pour aller soigner les cholériques en 1832. Une foule de jeunes gens ont offert qui ? eux. Comme le régime direct *se* se rapporte *à jeunes gens* et non à foule, le participe se met au pluriel masculin.

PARTICIPE PRÉCÉDÉ DE *le peu.*

Le peu d'instruction qu'il a reçu lui fait commettre mille erreurs. Dans cette phrase, *que* ayant pour antécédent *le peu* et non *d'instruction*, le participe reste au masculin singulier. Il a reçu, quoi ? le peu ou le manque d'instruction.

Nous devons à notre bonne discipline le peu de succès que nous avons obtenus. Ici le peu signifie quelques, un petit nombre, et succès est l'antécédent de *que ;* le participe prend le pluriel masculin. Nous avons obtenu quoi ? quelques succès, un petit nombre de succès (collectif partitif).

PARTICIPE PRÉCÉDÉ DE *l'.*

Cette difficulté je l'ai résolue. J'ai résolu quoi ? elle, la difficulté ; accord du participe.

Cette plaisanterie, comme nous l'avons dit, suffit pour rallumer la guerre. Nous avons dit quoi ? cela, participe invariable.

ELLIPSE D'UNE PROPOSITION APRÈS *cru, pensé, voulu, permis.*

Sa vertu était restée aussi pure qu'on l'avait cru. On avait cru quoi ? que sa vertu était restée pure. Ellipse d'une proposition dont (l') tient la place ; participe invariable.

La chose était plus sérieuse qu'on ne l'avait pensé. On avait pensé quoi ? qu'elle était sérieuse. Ellipse d'une proposition. Participe invariable.

PARTICIPE PRÉCÉDÉ DE *en*.

Tout le monde m'a offert des services, et personne ne, m'en a rendu. Personne n'a rendu quoi ? de cela ; en signifiant *de cela*, le participe qui suit reste invariable.

La copie que j'en ai faite est loin de valoir l'original J'ai fait quoi ? la copie ; *que* ayant pour antécédent *copie* et précédant le participe, celui-ci prend le singulier féminin.

Le glaive a tué bien des hommes, la langue en a tué bien plus. La langue a tué quoi ? bien plus d'hommes. Le régime direct étant après le participe, celui-ci reste invariable.

Autant d'ennemis il a attaqués, autant il en a vaincus. Il a attaqué quoi ? il a vaincu quoi ? autant d'ennemis. Les régimes directs étant des collectifs partitifs et précédant le participe, celui-ci s'accorde avec le substantif d'ennemis.

PARTICIPE ENTRE DEUX *que*.

Les ennemis que j'avais prévu que vous mettriez en déroute. J'avais prévu quoi ? que vous mettriez en déroute les ennemis. Le régime direct du participe étant la proposition qui le suit, pas d'accord.

PARTICIPE PASSÉ SUIVI D'UN INFINITIF.

Je les ai vus commencer l'attaque. J'ai vu quoi ? eux commençant l'attaque. Le pronom *les* précédant le participe dont il est le régime direct, il y a accord.

Les blés que j'ai vu moissonner. J'ai vu quoi ? moissonner. Le régime du participe étant l'infinitif qui suit, ce participe reste invariable.

Nota.—*On reconnaît que le complément direct qui pré-*

cède le participe lui appartient, quand l'infinitif qui suit peut se tourner par le participe présent.

Laissé DEVANT UN INFINITIF.

On m'a dit que cette giberne était à Pierre, je la lui ai laissé prendre. J'ai laissé quoi ? prendre la giberne. L'infinitif étant le régime direct du participe, celui-ci reste invariable.

Votre sœur ayant voulu vous écrire, je l'ai laissée faire. J'ai laissé quoi ? elle faisant. Le pronom qui précède étant le régime direct du participe, celui-ci s'accorde.

Fait DEVANT UN INFINITIF.

Le participe *fait* devant un infinitif est toujours invariable, attendu qu'il ne forme plus qu'un avec cet infinitif : *Voilà ce qui les a fait mourir. Les Perses se sont fait battre deux fois par les Grecs, dans la même journée.*

INFINITIF SOUS-ENTENDU APRÈS *cru, pu, dû, voulu.*

Ils n'ont pas fait tout le bien qu'ils auraient *pu, dû, voulu, cru.* Ils auraient *pu, dû, voulu, cru* quoi ? faire. Le régime direct de ces participes étant un infinitif sous-entendu, ils restent invariables. Mais on dira : *Il veut fortement les choses qu'il a une fois voulues.* Il a voulu quoi ? que (les choses).

Exercices.

N° 1.—Si le règne de Louis XIV est le plus long qu'il y ait jamais eu en France, ce prince est aussi un des plus grands rois que nous ayons eus. Les seize lustres qu'il a vécu ou, pour mieux dire, les soixante-douze ans qu'il a régné forment une des plus belles périodes de notre histoire. La gloire dont il a doté son siècle, loin de s'être affaibli par le temps, a grandi de jour en jour ; le commerce et l'industrie encouragé par lui se sont ouvert des voies jusqu'alors inconnues; les arts qui étaient tombé dans une sorte de langueur se sont animé d'une vie nouvelle et ont à l'envi multiplié leurs chefs-d'œuvre. Les savants se sont élancé dans une route qu'ils avaient puru jusque-là vouloir éviter, et cette route est la seule bonne, ainsi qu'on l'a victorieusement démontré, je veux parler de l'observation. Ainsi, bien qu'au début ils aient fait moins de découvertes qu'on n'aurait pu l'espérer, le peu de progrès qu'ils ont fait et qu'ils ont fait faire à leurs disciples ont préparé les magnifiques résultats que le siècle suivant a obtenu. La langue s'est formée sous la plume des Bossuet et des Racine. Les lettres, auxquelles Louis XIV a accordé une faveur toute spéciale et toute admirable, et qu'il n'a cessé d'animer de son souffle inspirateur, ont immortalisé sa mémoire en associant son nom à leurs plus sublimes créations. Les architectes et les sculpteurs se sont plu à l'inscrire sur leurs plus beaux ouvrages ; les peintres se sont fait, pour ainsi dire, les narrateurs animé de tous les beaux faits d'armes que l'histoire de ce grand siècle a recueillis.

N° 2. Non-seulement les Romains s'étaient façonné de longue date à remporter la victoire, mais leur discipline ne s'étant pas conservé, peut-être parce qu'ils s'étaient proposé la conquête du monde et qu'ils s'étaient partagé les richesses conquises sur les nations, la victoire, qui s'était habitué à suivre et même à précéder leurs enseignes, les abandonna. Leur gloire ne s'est transmise à aucune nation moderne plus qu'à la France; celle-ci aussi, sous Louis XIV, s'est accoutumé à vaincre. Sous ce grand roi, elle s'était arrogé ou, pour mieux dire, elle avait conquis la suprématie sur terre

et sur mer. Aussi, depuis ce temps, les peuples se sont-
ils accordé à la regarder comme marchant à la tête de
la civilisation. Sous Napoléon nous nous sommes vu,
un instant, les maîtres de l'Europe, et malgré les revers
que nous avons essuyé, malgré nos défaites qui se sont
succédé coup sur coup, la renommée qu'ont acquis nos
guerriers au commencement de ce siècle s'est propagé
et maintenu dans l'univers entier. Aujourd'hui nous
nous sommes imposé la loi de nous opposer aux em-
piétements iniques d'une nation envahissante, et presque toutes les autres nations de l'Europe, loin de
s'être élevé contre cette mission, se sont dit qu'il n'y
en avait jamais eu de plus grande et de plus noble ni
de plus propre à augmenter encore la gloire de nos
armes.

QUINZIÈME SÉANCE.

Application et exercices nombreux sur les mots invariables.

Nota. Donner à chaque séance un exercice de style
épistolaire à traiter de vive voix et à rapporter par écrit
à la séance suivante.

Voir à la fin du volume.

COURS DE TROISIÈME ANNÉE.

Les cinq premières séances sont consacrées à la révision du cours de deuxième année.

SIXIÈME SÉANCE.

Noms qui ont deux pluriels.—Noms qui ne s'emploient qu'au singulier. — Noms qui ne s'emploient qu'au pluriel. — Pluriel des noms propres.—Des noms tirés des langues étrangères. — Des noms composés.

4ᵉ RÈGLE. — *Aïeul* fait au pluriel : *aïeuls* en parlant du grand-père et de la grand'mère ; il fait *aïeux* en parlant de ceux qui ont vécu dans les siècles passés : *c'était la mode chez nos aïeux.*

5ᵉ RÈGLE. — *Ciel* fait *ciels* en peinture et même dans le sens de climat. Ex. : Ce peintre réussit bien *les ciels*, l'Italie jouit d'un des plus beaux *ciels* de l'Europe. Il fait *cieux* dans tous les autres cas.

6ᵉ RÈGLE. — *OEil* fait *yeux*, excepté dans : *œils*-de-bœuf (terme d'architecture), *œils*-de-perdrix (dessin de broderie).

7ᵉ RÈGLE. — Les noms propres sont généralement invariables ; cependant ils prennent la marque du pluriel quand ils sont employés comme noms communs, c'est-à-dire lorsqu'on les donne à des personnes ayant de la ressemblance avec ceux qui les ont portés. On écrira donc, sans le signe du pluriel, les deux *Rousseau* se sont rendus célèbres, et avec le signe du pluriel les *Alexandres*, les *Cicérons*, les *Bossuets*, seront toujours rares, c'est-à-dire des hommes semblables à Alexandre, Cicéron, etc.

8ᵉ Règle. — Parmi les noms communs tirés des langues étrangères, ceux qui suivent prennent la marque du pluriel, savoir : des *bravos*, des *folios*, des *duos*, des *factotums*, des *numéros*, des *récépissés*, des *reliquats*, des *spécimens*, des *zéros*, des *albums*; presque tous les autres sont invariables.

SUBSTANTIFS COMPOSÉS.

9ᵉ Règle.—Lorsqu'un substantif est composé de deux noms ou d'un adjectif et d'un nom unis par un trait d'union, les deux parties du mot prennent la marque du pluriel; ex.: un *chef-lieu*, des *chefs-lieux*, un *cerf-volant* des *cerfs-volants*. Mais, si les deux parties du substantif composé sont séparées par une préposition, la première seule prendra la marque du pluriel; ex.: un *chef-d'œuvre*, des *chefs-d'œuvre*, un *arc-en-ciel*, des *arcs-en-ciel*, etc.

10ᵉ Règle. — Quand un substantif est composé d'un nom joint à un mot invariable (tel que le verbe, l'adverbe, la préposition), le nom seul se met au pluriel; ex.: des *contre-vérités*, des *arrière-pensées*, des *porte-clefs*, des *perce-oreilles*. Si les deux parties du mot sont invariables de leur nature, le substantif composé ne prend pas la marque du pluriel; des *ouï-dire*, des *pour-boire*, des *passe-partout*.

La règle générale suivante résume celles qui précèdent avec leurs exceptions.

Règle générale. — Les noms composés doivent s'écrire dans chacune de leurs parties, au singulier ou au pluriel, selon l'espèce de mot à laquelle elles appartiennent et selon qu'elles donnent l'idée du singulier ou du pluriel; ex. :

Des *blanc-seings*, parce que cela signifie : des signatures en blanc.

Des *terre-pleins*, c'est-à-dire des lieux pleins de terre.

Des *appuis-main*, c'est-à-dire des appuis pour la main.

Un ou des *brèche-dents*, c'est-à-dire qui ont une brèche dans les dents.

Un ou des *essuie-mains*, c'est-à-dire linge à essuyer les mains.

Un ou des *cure-dents*, c'est-à-dire petit instrument qui sert à curer les dents.

Exercices.

N° 2. — L'hôtel des Invalides est un des plus beaux monument des libéralités de Louis XIV. — Ce palais est ordinairement le but d'une promenade de la part des jeunes militaire qui tiennent pour la première fois garnison à Paris. — Mais quels sont les objet qui attirent principalement leur attention ? Serait-ce cette porte de fer d'un si joli travail par laquelle on entre, ou les deux pavillon qui servent de corps-de-garde et sur lesquels on a sculpté de magnifiques trophée d'armes ? —Hélas ! c'est à peine s'il s'en trouve quelques-uns qui arrêtent leurs regard sur ces objet ou qui remarquent les dessin de l'avant-cour et les sculpture des portail et des œil-de-bœuf.—Les autres se pressent dans les cuisine pour y voir la vaste capacité des marmite et demander combien elles peuvent contenir de kilogrammes de viande, de demi-douzaines de chou et de boisseau de pomme de terre.—Ils admireront la dimension prodigieuse des cuiller-à-pot, des dame-jeanne et des tourne-broche. Cependant, à chaque pas, que de sentiment de patriotisme ne devraient pas faire battre le cœur de nos jeune soldat ! Les réfectoire ne parlent que des victoire remportées par leurs père et leurs aïeul ; l'église, que des *Te Deum* et des *alleluia* chantés pour remercier Dieu du succès de nos armes.— Les bas-côté et le dôme renferment des vitrail et des ciel magnifiquement peints, ainsi que les tombeau des Turenne, des Vauban et de nos plus illustres maréchal. — Ils sont là dans la compagnie des plus grandes gloire militaire de la France, bien qu'on puisse dire, sans porter atteinte à leur réputation, que ces grands capitaine n'ont pas tous été des Turenne et des Vauban.

SEPTIÈME SÉANCE.

Emploi et suppression de l'article et des adjectifs déterminatifs. — Règles sur les adjectifs *nu, demi, feu, excepté, tout, même, quelque,* etc.

EMPLOI DES ARTICLES.

On dit qu'un substantif est pris dans un sens déterminé, quand il indique d'une manière précise l'être ou l'objet qu'il représente ; et dans un sens indéterminé, quand il ne fait que réveiller d'une manière vague l'idée qu'on y attache ; ex. : *Voilà une belle crosse de fusil.* Dans cet exemple, *crosse* est pris dans un sens déterminé, parce qu'il s'agit ici d'une crosse particulière ; *fusil,* au contraire, est indéterminé, parce qu'on ne voit pas de quel fusil il est question.

Les noms propres, s'appliquant généralement à un seul individu, sont suffisamment déterminés par eux-mêmes, mais les noms communs pouvant représenter tous les êtres ou objets de la même espèce, on a dû se servir de signes qui fissent reconnaître s'ils sont employés dans un sens général ou dans un sens particulier. Ces signes sont les articles et adjectifs déterminatifs.

1re RÈGLE. — Les noms propres d'hommes, de villes,

de villages, s'emploient sans article; ex. : *Gaston de Foix* fut tué à la célèbre bataille de *Ravenne;* excepté lorsqu'ils sont pris comme substantifs communs : tous les généraux ne sont pas des *Césars* et des *Napoléons.*

2ᵉ RÈGLE.—Les noms propres de fleuves, de rivières, de montagnes, de monuments, et ceux qui sont formés d'un nom commun, prennent l'article; ex. : Les bords *du Rhin*, les bords de *la Loire*, le château *des Tuileries*, le royaume *des Pays-Bas;* excepté les noms de monuments venant du nom d'un seul homme : l'église *Ste-Clotilde*, rue *St-Antoine*, etc.

3ᵉ RÈGLE. — Les noms de royaumes, d'États, de provinces, sont précédés de l'article lorsqu'on parle de toute l'étendue du territoire, comme quand on dit : la longueur, la situation, la puissance, la gloire *de la France, de l'Angleterre*, etc. Mais on se servira seulement de la préposition *de*, lorsque ces noms seront cités comme lieux d'extraction : les vins *de* France, la dentelle *d'*Angleterre, la toile *de* Hollande, le cuir *de* Russie, etc.

4ᵉ RÈGLE.—Les articles se placent avant tout substantif commun exprimé ou sous-entendu, pris dans un sens déterminé; ex. :

Il monta *le* premier à *l'*assaut (sous-entendu soldat).

*L'*honneur est *aux* grands cœurs plus cher que *la* vie.

2° Avant les substantifs pris dans un sens partitif :

Ce militaire a montré *du courage.*

3° Avant deux adjectifs unis par *et*, lorsqu'ils ne qualifient pas le même substantif; ex. :

Le vieux et *le jeune* soldat (le même soldat ne pouvant être vieux et jeune en même temps).

Au contraire, ce serait une faute de répéter l'article devant chaque adjectif lorsqu'il se rapporte au même substantif. On dira donc : *le vieux et brave* soldat, *mon digne et fidèle* compagnon.

SUPPRESSION DE L'ARTICLE.

On supprime l'article :

1° Devant un adjectif suivi d'un nom pris dans un sens partitif : *proposons-nous de grands exemples.* Cependant on emploiera l'article, si l'adjectif et le substantif forment ensemble une espèce de nom composé : voilà *des* jeunes gens passionnés pour la gloire ;

2° Devant les collectifs partitifs et les adverbes de quantité, excepté : *bien, la plupart, le plus grand nombre,* à moins qu'ils ne soient déterminés par une circonstance particulière ; ex. : *un grand nombre* d'officiers étaient de cet avis. Il y a *plus de fleurs que de fruits. Bien des* hommes ont péri dans cette rencontre. *La plupart* des animaux, *la multiplicité* des lois ;

3° Dans les phrases proverbiales et dans les apostrophes : *pauvreté n'est pas vice. Sentinelle !* prenez garde à vous !

4° Dans les énumérations, pour donner plus de concision : *citoyens, étrangers, ennemis, peuples, rois, empereurs,* le plaignent et le révèrent.

Centurion et *soldats,* chacun murmurait contre les ordres du général (VERTOT) ;

5° Devant le régime d'un verbe actif accompagné d'une négation, à moins que, malgré la négation, la phrase n'ait un sens affirmatif ou que le régime du verbe actif ne soit déterminé par le reste de la proposition ; ex. : Je ne vous ferai pas *de reproches.* Ne me faites pas *des reproches* que je ne mérite point. Je n'ai pas *des amis* pour vivre dans l'isolement.

Les mêmes règles s'appliquent aux adjectifs déterminatifs.

ADJECTIF EMPLOYÉ ADVERBIALEMENT.

Certains mots essentiellement adjectifs s'emploient

adverbialement et sont alors invariables : j'ai acheté cette étoffe *cher ;* ces femmes chantent *juste ;* cette difficulté, il l'a tranchée *net.*

C'est-à-dire : chèrement, avec justesse, nettement.

Lorsque deux adjectifs, unis par un trait-d'union, qualifient tous les deux le substantif auquel ils se rapportent, ils varient l'un et l'autre, mais, si le premier est qualifié par le second, alors ils sont tous les deux invariables.

EXEMPLES :

VARIABLES.	INVARIABLES.
La perdrix *grise-blanche* et la perdrix *rouge-blanche* font variété dans ces deux espèces de perdrix.	L'hyène a le poil du corps d'une couleur *gris-obscur.*
Les cheveux de cette petite étaient *châtains-bruns et fins* (BUFFON).	

Lorsque le premier des deux adjectifs est pris adverbialement, le second seul varie : Des enfants *nouveau-nés.* Les grands hommes sont *clair-semés.*

Les adjectifs *nu, demi,* et les participes *excepté, supposé, y compris, ci-joint, ci-inclus,* placés avant le substantif, sont invariables ; ils varient, s'ils viennent après : *nu-pieds, nu-tête,* une *demi-heure,* etc. ; *pieds nus tête nue,* une heure *et demie.*

NOTA. L'adjectif *demi* ne prend jamais la marque du pluriel, excepté lorsqu'il est employé substantivement, comme dans : cette pendule sonne les *demies.*

Feu s'accorde avec le substantif quand il le précède immédiatement ; il reste invariable s'il en est séparé par l'article ou un adjectif déterminatif. *La feue reine. Feu ma tante.*

ADJECTIFS INDÉFINIS.

Parmi les adjectifs indéfinis, l'orthographe de ceux qui suivent présente quelque difficulté.

Tout.—*Tout* signifiant la totalité des personnes ou des objets dont on parle est adjectif et s'accorde avec le substantif auquel il se rapporte. *Tout* homme, *toute* femme, *tous* les hommes, *toutes les* femmes.

Tout signifiant *tout à fait, entièrement*, est adverbe et reste invariable : 1° devant un adjectif masculin ; 2° devant un adjectif féminin commençant par une voyelle ou une *h* muette ; ex.: Nos vaisseaux sont *tout* prêts, la sentinelle était *tout* endormie ; 3° devant un autre adverbe : il est *tout* aussi brave que vous ; 4° devant un substantif, dans les expressions : *de tout cœur, tout yeux, tout oreilles*.

Tout, quoique adverbe, varie par *euphonie* (élégance de prononciation), quand il est placé devant un adjectif féminin commençant par une consonne ou une *h* aspirée : elle est *toute* malade, *toute* honteuse.

Quelque.—*Quelque* placé devant un substantif seul ou un substantif immédiatement suivi d'un adjectif s'écrit en un seul mot et s'accorde avec ce substantif. Nous avons reçu *quelques* provisions, *quelques* cavaliers ont rencontré l'avant-garde de l'ennemi. (Il signifie ici plusieurs individus ou objets pris dans un plus grand nombre.) *Quelques* grands avantages que nous ayons remportés (1).

---

(1) Dans les phrases de ce genre, l'accord de *quelque* semble en contradiction avec le sens même de ce mot, car il est évident qu'il veut dire (*quoique*) : *Quoique les avantages que nous avons remportés soient grands*. *Quelque* devrait donc rester invariable, mais l'Académie en a décidé autrement. Dans cette autre phrase : *Quelques grands avantages que nous avons remportés ont suffi pour décourager l'ennemi*. Ici, comme dans les premiers exemples, *quelques* signifie plusieurs, et l'accord s'explique.

Quelque suivi d'un adjectif seul ou d'un adverbe s'écrit en un seul mot et reste invariable. *Quelque* braves que soient nos troupes, il leur faut cependant un général expérimenté. *Quelque* adroitement qu'on s'y prenne.

Avant un verbe, on écrit *quel que* en deux mots; alors *quel* est adjectif et s'accorde avec le sujet du verbe : *quels que* soient les humains, il faut vivre avec eux.

Même.—*Même* placé avant ou après un substantif, ou après un pronom, est adjectif. Ex. : les *mêmes* vertus qui servent à fonder un empire servent aussi à le conserver; les rois *eux-mêmes* ont des ennemis.

Même signifiant *aussi, de plus*, est adverbe et invariable. Dans cette acception, il est ordinairement placé après un verbe ou plusieurs substantifs. Ex. : Comment croire que les besoins physiques qui ébranlent même les officiers ne sont que des accessoires pour le soldat? Les hommes, les animaux, les plantes même, sont sensibles aux bienfaits.

Exercices.

N° 1.—Le roi Charles XII était d'autant plus altier qu'il était plus malheureux. — Ma blessure me cause une douleur aigu.—La prison qui est contigu au corps de garde est trop exigu. — Une jument hargneux, ombrageux, rétif, produit des poulains qui ont le même naturel.—Le bonheur et la paix publique s'achètent quelquefois au prix de plusieurs victoires. — La guerre civile est le règne du crime.—Les nouveau et ancien citoyens ne se regardent plus comme les membres d'une même république. — Les héros de l'antiquité passaient pour les demi-dieux.—Hier, à dix heures et demi, l'Empereur présida le Conseil d'État. — Vous trouverez ci-joint, ci-inclus une copie du procès-verbal.—La tête et tout le dessus du corps était d'un roux obscur, variée de taches marron, le ventre d'un blanc sale et les pieds gris brun. — Les Arabes sont dans l'usage de se faire appliquer une couleur bleu-foncé aux parties les plus apparentes du corps.

> Quelque vains lauriers que promette la guerre,
> On peut être héros sans ravager la terre.

Quelque soient nos talents, en quelque état que nous nous trouvions, souvenons-nous que la patrie a des droits imprescriptible et sacré sur tous nos actions et même sur nos sentiments, nous nous devons tout à elle et nous sommes obligé de voler à son secours au moindre danger. Feu l'impératrice Joséphine était universellement aimée. Après la cérémonie, la foule s'écoula tout pensif, tout accablé de douleur, se demandant sans doute combien il reste peu maintenant de ces hommes si brillant en mille huit cent, et qui ont été les compagnons des Kléber, des Masséna et des Napoléon. Tout citoyen doit obéir aux lois, même injustes.

———

Nº 2.—Bataille des Pyramides.—Les Pyramides sont des monuments élevé par les anciens rois d'Égypte qui ont vécu près de deux mille ans avant l'ère chrétien. Elles sont au nombre de vingt, et les trois principales ne sont éloigné du Caire que de quelque mille. La plus grande a plus de six cent pieds de circuit et contient à l'intérieur un puits qui a plus de quatre-vingt coudées. Elles ont donné leur nom à l'une des plus célèbres victoires de l'armée française sous la première république, en mille sept cent quatre-vingt-dix-huit.

Le général en chef partageant l'enthousiasme de ses soldats s'écrie : « Enfants, songez que du haut de ces pyramides quarante siècles vous contemplent. » A ces mots l'armée s'avance d'un pas rapide. On voyait briller à peu de distance les armes de dix mille Mamelucks commandés par Mourad-Bey, surnommé le lion du désert. Les ennemis fondent dans la plaine comme un ouragan furieux, mais leur charges désordonné se brisent contre les divisions français qui forment cinq carrés impénétrable. En quelque heures, le champ de bataille est couvert de cadavres, quinze cent Mamelucks, après des prodiges de valeur, trouvent la mort dans le Nil, qui leur coupe la retraite. La journée était fini, Mourad se retire dans la haute Égypte avec les débris de ses cavaliers, et les Français entrent triomphant dans le Caire après avoir recueilli un riche butin, des châles, des armes, des chevaux magnifique et des bourses pleines d'or, car les Mamelucks portaient avec eux tout leur richesses.

HUITIÈME SÉANCE.

Règles sur les pronoms *le, en, y, soi, lui, aucun, chacun, qui, que, lequel, laquelle, dont,* **etc.**

ACCORD DU PRONOM *le.*

Le pronom *le* est invariable quand il représente un adjectif ou un membre de phrase. Êtes-vous mariée? Je *le* suis. Êtes-vous victorieux? Nous *le* sommes. Nous devons défendre le pays, protéger nos familles; nous ne pouvons nous dispenser de *le* faire.

Le pronom *le* est variable lorsqu'il tient la place d'un substantif suffisamment déterminé. Ex. : Êtes-vous la nouvelle mariée ? *Je la suis.*

EMPLOI DE *en, y, soi* ET *lui.*

En général, les pronoms *en, y,* ne s'emploient que pour rappeler des noms de choses, bien qu'ils puissent aussi rappeler des noms de personnes et quelquefois des phrases entières ou des fragments de phrases. Ex. : Du tabac, *tout le monde en use.* Respectez vos parents, tâchez de vous *en* faire aimer. Êtes-vous assez fort pour soulever ce fardeau ? j'*en* doute. C'est un honnête homme, fiez-vous *y*. J'ai reçu sa lettre et j'*y* répondrai demain.

Dans une foule de gallicismes (locutions propres à la langue française), on fait usage des pronoms *en y*, mais, dans ce cas, ils ne se rapportent à aucun mot de la phrase. Ex. : Il m'*en* veut, ils *en* vinrent aux mains, je n'*en* puis plus, vous nous *en* contez. Il *y* va de mes intérêts ; il *y* a des gens qui, etc.

Employés avec un verbe à l'impératif, les pronoms *en y*, se placeront après le verbe, si la phrase est positive, et avant, si elle est négative. Prends-*y* garde... Donnez-lui *en ;* n'*y* songeons plus, ne lui *en* donnez pas. Excepté à l'impératif, les pronoms *en* et *y* se placent toujours avant le verbe. Je n'*en* ferai rien, j'*y* donnerai tous mes soins.

Les pronoms *lui, soi,* s'emploient l'un et l'autre pour les personnnes, mais le pronom soi veut être précédé d'un sujet vague et indéterminé, comme : on, quiconque, chacun, etc. On ne doit jamais parler de *soi* ; chacun songe à *soi ;* quiconque rapporte tout à *soi* n'a pas beaucoup d'amis. Si le pronom *soi* se rapporte à un nom de choses, c'est que ce nom est employé comme sujet dans la proposition. Ex. : Un bienfait porte en *soi* sa récompense ; mais, dans ce cas, on se sert plus généralement de *lui, elle, eux, elles,* à moins qu'il ne s'agisse d'éviter une équivoque, comme dans cet exemple : En suivant les conseils de son chef, un soldat travaille pour *soi.* Si on avait mis *pour lui,* on ne saurait pas s'il s'agit du chef ou du soldat.

PRONOMS DÉMONSTRATIFS.

Le pronom *ce*, suivi du verbe être, demande le verbe à la troisième personne du pluriel, si le verbe a pour sujet un substantif ou un pronom de la troisième personne plurielle. *Ce* sont les Français qui ont assiégé la place, oui, *ce* sont eux.

Mais, si le verbe être a pour sujet plusieurs substantifs ou pronoms singuliers, et même un pronom pluriel de la première personne ou de la seconde personne, le verbe se met au singulier. Ex. : C'*est* le sergent et le caporal de semaine qu'on vient d'appeler. C'*est* vous que je cherche.

Quoiqu'ils soient invariables, les pronoms relatifs *qui* et *que* sont toujours du même genre, du même nombre et de la même personne que leur antécédent : c'est moi *qui* l'ai vu ; c'est nous *qui* avons formé l'avant-garde, ce sont eux *qui* ont été battus.

Lorsque l'antécédent de *qui* est un adjectif précédé de l'article, c'est cet adjectif qui détermine l'accord : vous êtes le seul *qui* n'ait pas de punition ; vous êtes le premier *qui* ait osé franchir le fossé. Mais, si l'adjectif n'est pas précédé de l'article, l'accord du pronom *qui* se fait avec le nom ou pronom auquel cet adjectif se rapporte. Ex. : cette nouvelle fut agréable à tous, et surtout à nous trois *qui* devions revoir notre patrie. Vous êtes ici soixante *qui* pourrez faire campagne.

Employé comme sujet, *qui* se dit des personnes et des choses, mais employé comme régime, il ne se dit que des personnes ou des choses personnifiées : l'enfant à *qui* tout cède est le plus malheureux. Rochers à *qui* je me plains, bois à *qui* je conte mes peines.

Lequel, *laquelle*, peuvent se dire, tant au singulier qu'au pluriel, des personnes et des choses, mais seulement lorsqu'ils sont régimes d'une préposition. Ex. :

l'officier avec *lequel* je me suis entretenu. Le camp dans *lequel* nous étions retranchés.

Lequel, laquelle, etc., s'emploient au lieu de *qui*, toutes les fois qu'il s'agit d'éviter une équivoque ou qu'on veut dônner à la phrase, sinon plus l'élégance, du moins plus de précision. Ex. : *Lequel* préférez-vous ? J'ai reçu une lettre de mon père, *laquelle* m'apprend qu'il se porte bien. Ce pronom suit, d'ailleurs, les règles d'accord posées pour l'adjectif.

PRONOMS INDÉFINIS.

Aucun, nul, ont à peu près la même signification lorsqu'ils sont suivis d'un substantif : mais *nul* est plus négatif et s'emploie plus souvent seul. Ex. : *Nul* n'est content de sa fortune, ni mécontent de son esprit. *Nul* après le substantif s'emploie aussi dans le sens de nullité. Ex. : Ces procédures sont *nulles*. C'est un homme *nul* (sans valeur).

Ces deux adjectifs ne s'emploient au pluriel que lorsqu'ils sont accompagnés d'un substantif qui manque de singulier, ou qui change de signification au pluriel ; ex. : Il n'a fait *aucunes* funérailles, *aucunes* dispositions, *nuls* frais, *nulles* gens, *nulles* troupes.

Chaque, chacun. Il ne faut pas confondre ces deux mots. En général, *chaque* veut être suivi d'un substantif, *chacun,* au contraire, s'emploie toujours sans substantif. Ex. : *chaque* âge a ses plaisirs. *Chacun* à ses défauts.

Chacun veut être suivi, tantôt de *son, sa, ses,* tantôt de *leur, leurs.* Il est suivi de son, sa, ses, 1° lorsqu'il n'y a point de pluriel énoncé : vous remettrez à *chacun* son prêt ; 2° lorsqu'il y a un pluriel d'énoncé et que *chacun* se trouve après le régime direct. Ex. : remettez vos armes *chacune* à sa place.

Chacun prend leurs, leurs, 1° lorsqu'il précède le régime direct : les dix tribus de l'Attique avaient *chacune* leurs officiers, leurs tribunaux et leurs intérêts ; 2° lorsque le verbe n'a point ou ne saurait avoir de régime direct. Ex. : Ils sont venus *chacun* avec leurs gens.

On, quoique ordinairement du masculin singulier, désigne quelquefois si précisément une femme ou un pluriel, qu'alors les mots qui s'y rapportent se mettent au féminin ou au pluriel. Ex. : Quand *on* est douce et prévenante, *on* obtient tout de son mari. *On* n'est pas des poltrons.

Exercices.

N° 1. — Deux soldat aigris l'un contre l'autre par différent querelle s'étaient inutilement battus à l'arme blanc sans pouvoir se blesser. Peu satisfaits de ce combat, ils convinrent de prendre des armes moins douteux et de s'armer de pistolet. Les conventions faites, celui de deux à qui le sort avait accordé l'avantage de tirer le premier lâche son coup et manqua son adversaire. Celui-ci fond à l'instant sur lui et lui démontre facilement qu'il est maître de sa vie. « Tu peux la prendre, répondit l'autre avec tranquillité ; je t'ai manqué, venge-toi. » Aussitôt il tourne la tête. Son camarade, étonné de son dévouement, ne veut plus sa vie, mais c'est son amitié qu'il demande ; il jette son arme et le serre dans ses bras.

N° 2. — Deux jeunes officiers, V... et M..., que l'on citait comme des modèle d'amitié et qui n'avaient jamais eu la moindre altercation, jouaient un soir aux *dames* dans un café, en compagnie de plusieurs de leur camarade. V... gagnait constamment et riait de son bonheur ; M... crut qu'il se moquait de lui et lui jeta les pions à la tête dans un mouvement de co-lère. Toute la galerie s'attendait à un duel entre les deux amis.

« Messieurs, dit V..., j'ai été insulté, mais je connais les lois de l'honneur et je saurai m'y conformer ; « puis, se jetant dans les bras de son ami : « Mon cher, dit-il, c'est moi qui ai eu les premiers torts, je te prie de me pardonner d'avoir blessé, par ma légèreté, un cœur aussi sensible que le tien ; pour moi, je te pardonne de grand cœur. Voilà, messieurs, continua V..., comment j'interprète les lois de l'honneur, et, s'il y avait ici quelqu'un qui se permît même un sourire, je vous prie de croire que je ne le souffrirais pas. » On applaudit à cette noble conduite et l'on convient que cette interprétation des lois de l'honneur était préférable à celle qui force deux amis à se couper la gorge souvent pour une futilité.

NEUVIÈME SÉANCE.

Des figures de grammaire, l'ellipse, l'inversion, la syllepse, le pléonasme et le gallicisme.

On entend par figures de grammaire, certaines formes de phrases dans lesquelles on n'a pas observé la construction grammaticale.

L'ellispe consiste dans la suppression d'un ou de plusieurs mots : *Tête gauche*, c'est-à-dire : *Tournez la tête à gauche.*

L'inversion consiste dans la transposition, dans le déplacement des mots ou des membres d'une phrase :

Le pays qu'habitaient les Gaulois ne ressemblait guère au pays que présente aujourd'hui la France. En rétablissant l'ordre grammatical, elle devient : Le pays que les Gaulois habitaient ne ressemblait guère au pays que la France présente aujourd'hui.

La syllepse est une figure par laquelle on fait accorder un mot avec celui auquel il correspond dans la pensée et non avec le mot auquel il se rapporte grammaticalement. Une multitude d'animaux placés dans ces belles retraites y répandent l'enchantement et la vie.

Le pléonasme est une figure par laquelle on emploie des mots qui sont inutiles pour le sens mais qui peuvent donner plus de force ou de grâce : Pour moi, j'avoue que je n'aurais jamais cru qu'il fût possible de faire bouillir de l'eau dans une marmite de bois. Vous prétendez que le soleil tourne, et moi je soutiens que c'est la terre.

Le gallicisme est une locution (construction de phrase) propre à la langue française :

C'est se tromper que de croire ;

C'est à vous que j'en appelle ;

Cela ne laisse pas de m'inquiéter, etc.

DIXIÈME SÉANCE.

Locutions propres à la langue française. — Locutions vicieuses rectifiées.

NOTA. Un rapport très-simple à faire de vive voix et à rapporter par écrit.

LOCUTIONS VICIEUSES.

Ne dites pas :	*Dites :*
On ne me voit jamais à rien faire.	Sans rien faire.
Venez à bonne heure.	Venez de bonne heure.
Tu abîmes ta grande tenue.	Tu salis ta grande tenue.
Allumez la lumière.	Allumez la chandelle, la lampe.
Chat angola.	Chat angora.
Une arche de triomphe.	Un arc de triomphe.

Ne dites pas :	Dites :
L'appel est est faite.	L'appel est fait.
Il est en bamboche.	Il est en débauche.
Tu bisques.	Tu enrages, tu pestes.
Une affaire conséquente.	Considérable, importante.
Colidor.	Corrider.
Le couvert de la marmite.	Le couvercle de la marmite.
La couverte de mon lit.	La couverture de mon lit.
Donnez-moi-z-en.	Donnez-m'en.
Il s'est échigné.	Il s'est échiné.
Je suis tout courbaturé.	Je suis tout courbattu.
A la bonne flanquette.	A la bonne franquette.
Quelle heure qu'il est.	Quelle heure est-il.
Un jeu d'eau.	Un jet d'eau.
Serviette à linteaux.	Serviette à liteaux.
Deux et deux sont quatre.	Deux et deux font quatre.
J'ai lu sur un journal.	J'ai lu dans un journal.
Il jouit d'une mauvaise santé, d'une mauvaise réputation.	Il a une mauvaise santé, une mauvaise réputation.
Je fus forcé malgré moi d'y aller.	Je fus forcé d'y aller.
Le chef est d'une humeur massacrante.	Le chef est de mauvaise humeur.
Venez sur les midi.	Venez à midi ou vers le midi.
Je vous observerai que vous êtes dans l'erreur.	Je vous ferai observer que vous êtes dans l'erreur.
Cette rue est passagère.	Cette rue est fréquentée.

SUJETS DE LETTRES A FAIRE TRAITER AUX SOUS-OFFICIERS.

1 Paul annonce à ses parents qu'il vient d'être promu au grade de sous-officier.

2 Paul donne à sa famille des détails sur l'emploi de son temps au régiment.

3 Paul donne à sa famille des détails sur les mœurs de telle ou telle contrée.

4 Paul donne à sa famille des détails sur les différentes manières de cultiver la terre des contrées qu'il a parcourues.

5 Lettre de condoléance à ses parents sur la perte de leurs père et mère.

6 Paul dans sa septième année de service demande conseil à son père au sujet de son rengagement.

7 Paul demande un congé de deux mois pour affaires de famille.

8 Paul demande une prolongation de congé d'un mois.

9 Demande d'un bureau de tabac.

10 Lettre d'envoi à un député de la précédente demande avec prière de vouloir bien la recommander au Ministre des finances.

11 Demande d'emploi de garde forestier.

12 Demande d'emploi dans les chemins de fer.

13 Demande d'emploi dans une administration publique.

14 Lettre de remerciement à M. le député.

15 Paul est nommé sous-lieutenant. Lettre à ses parents.

16 Paul fait connaître à ses parents qu'il a quelques dettes, et demande l'argent nécessaire pour les payer.

17 Rapport sur les écoles régimentaires.

18 Rapport sur l'essai d'un nouveau fusil.

19 Rapport sur l'arrestation d'un malfaiteur.

20 Rapport sur l'intervention des hommes de garde dans une querelle de cabaret entre des militaires et des bourgeois.

21 Rapport pour rendre compte d'une surprise de l'ennemi contre l'escorte d'un convoi de vivres.

22 Rapport sur un accident, suivi de décès, survenu à un homme de son peloton.

MM. les Directeurs peuvent varier à l'infini et à leur guise le texte de ces exercices.

FIN.

TABLE DES MATIÈRES

COURS DE PREMIÈRE ANNÉE.

COURS DE DEUXIÈME ANNÉE.

COURS DE TROISIÈME ANNÉE.

FIN DE LA TABLE DES MATIÈRES.

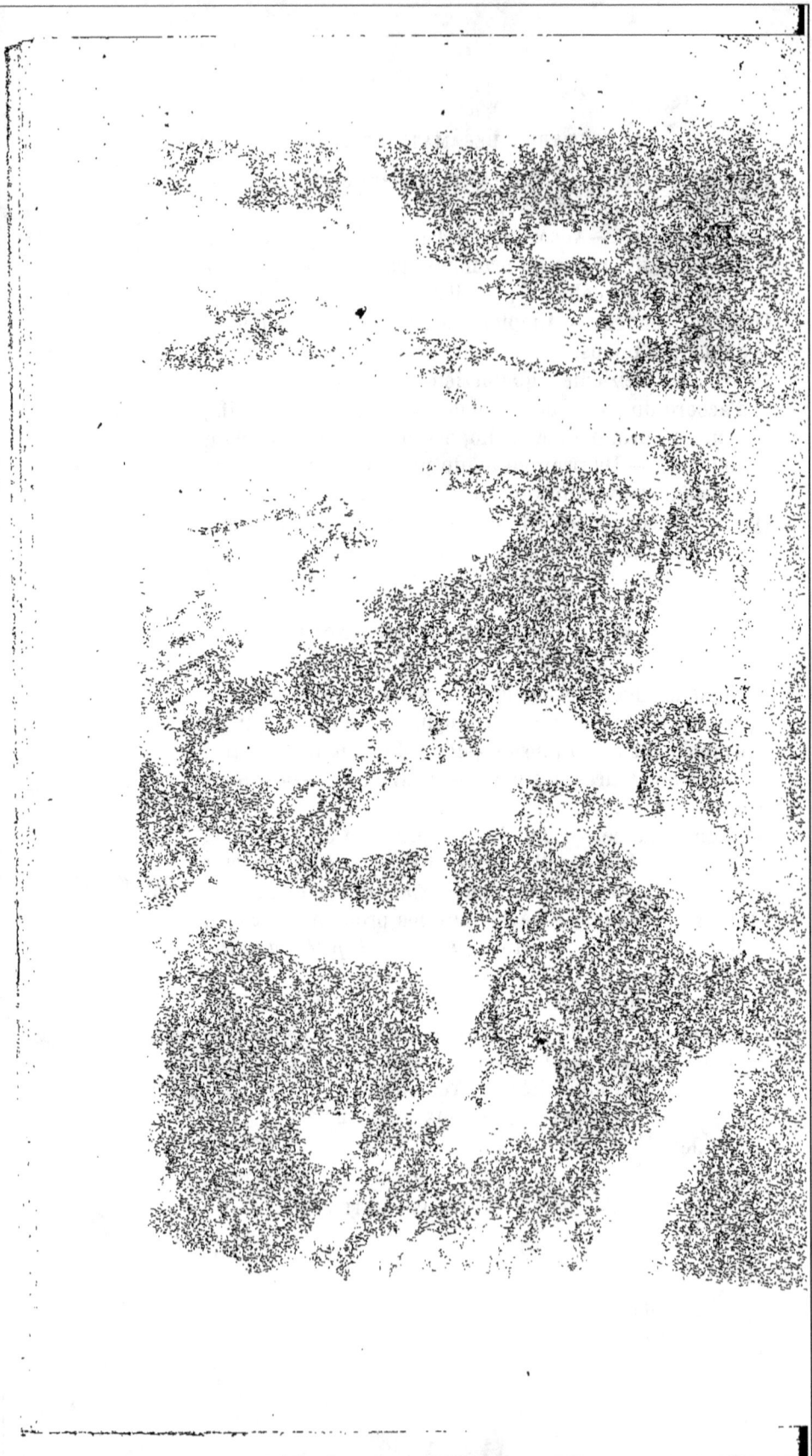

IMPRIMERIE DE COSSE ET J. DUMAINE

Rue Christine, 2

www.ingramcontent.com/pod-product-compliance
Lightning Source LLC
Chambersburg PA
CBHW052036270326
41931CB00012B/2518